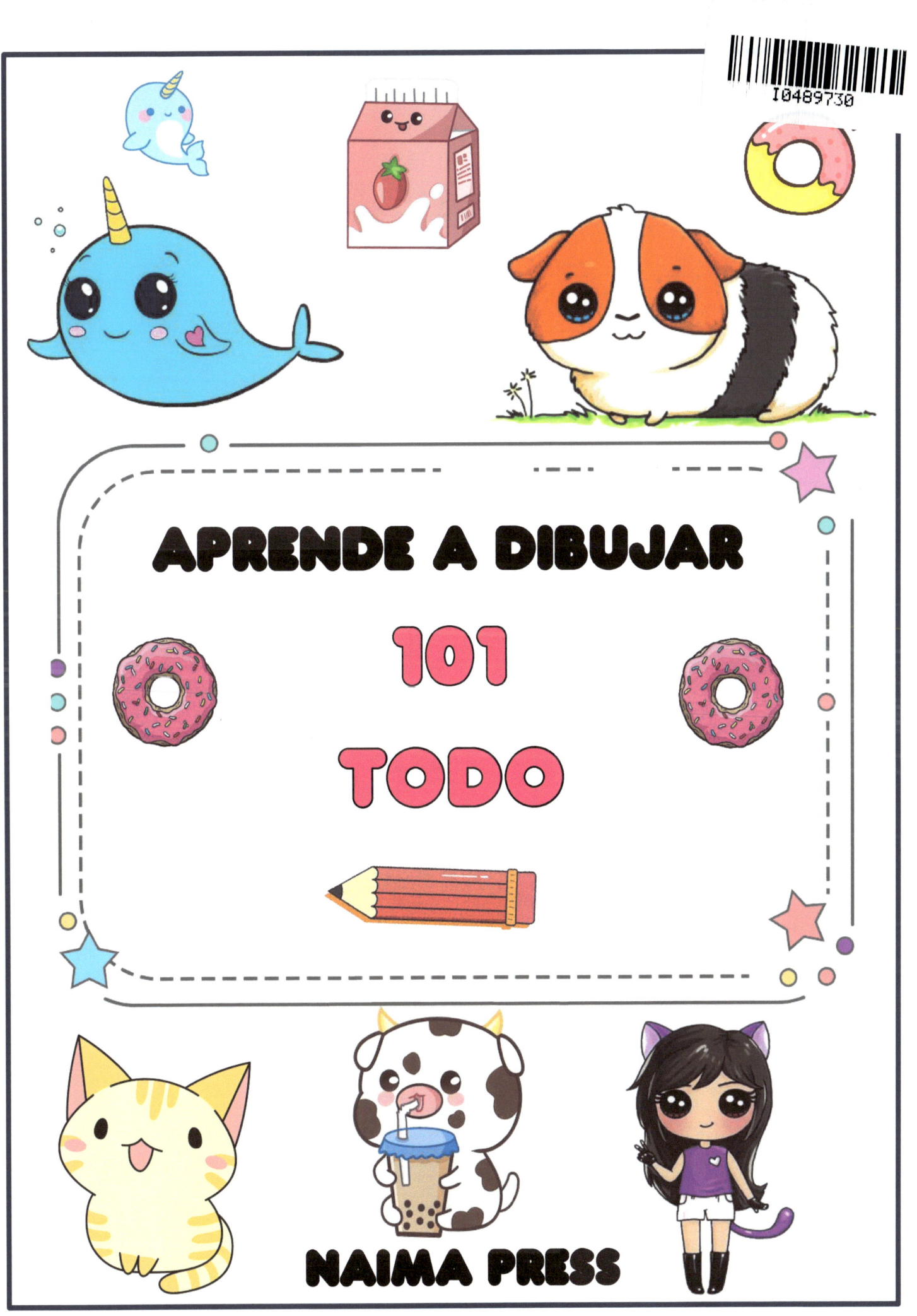

APRENDE A DIBUJAR

101

TODO

NAIMA PRESS

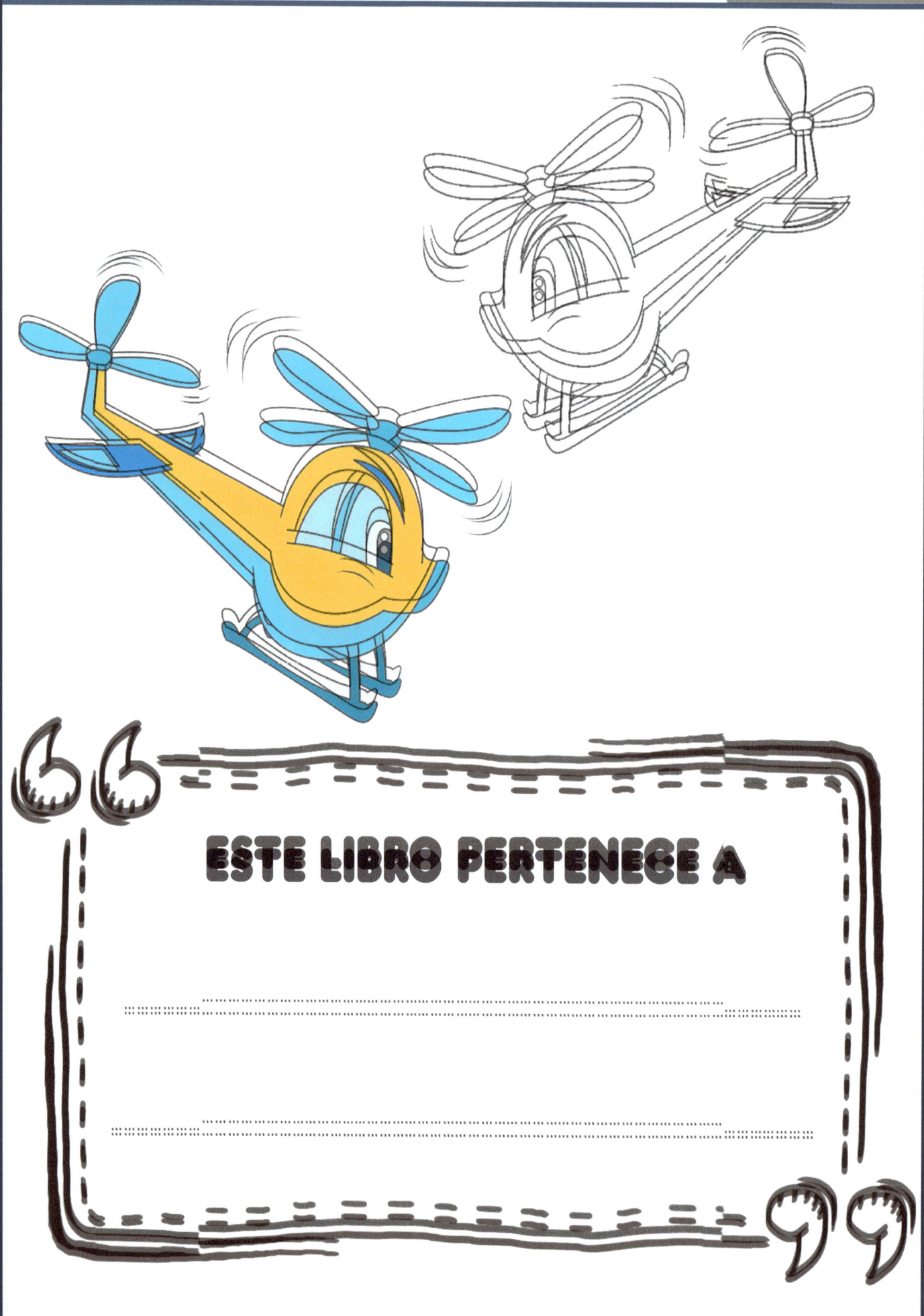

ESTE LIBRO PERTENECE A

101 𝒯𝑜𝑑𝑜

Guía sobre cómo utilizar este libro:

Para aprovechar al máximo este libro, siga estas instrucciones:

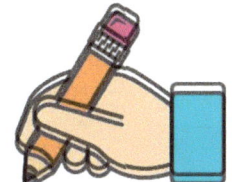

1: Prepare materiales como bolígrafo, papel, lápices de colores u otras herramientas de dibujo adecuadas. La elección de los materiales varía de persona a persona.

2: Busque un lugar tranquilo y bien iluminado que promueva la concentración y la creatividad. Asegúrate de que ayude con la concentración y la imaginación.

3: Acepte la importancia de un ambiente tranquilo y pacífico para una experiencia de dibujo óptima.

4: Incorpora tu imaginación y da rienda suelta a tu creatividad durante todo el proceso.

5: Siéntete libre de mejorar los gráficos con cualquier elemento que consideres oportuno.

6: Comience siguiendo los pasos cuidadosamente y asegúrese de dibujar cada paso.

7: Una vez que hayas completado todos los pasos, procede a colorear el dibujo final.

8: Crea nombres que te hablen, añadiendo una capa extra de significado a tus creaciones.

¡Que comience el viaje artístico!

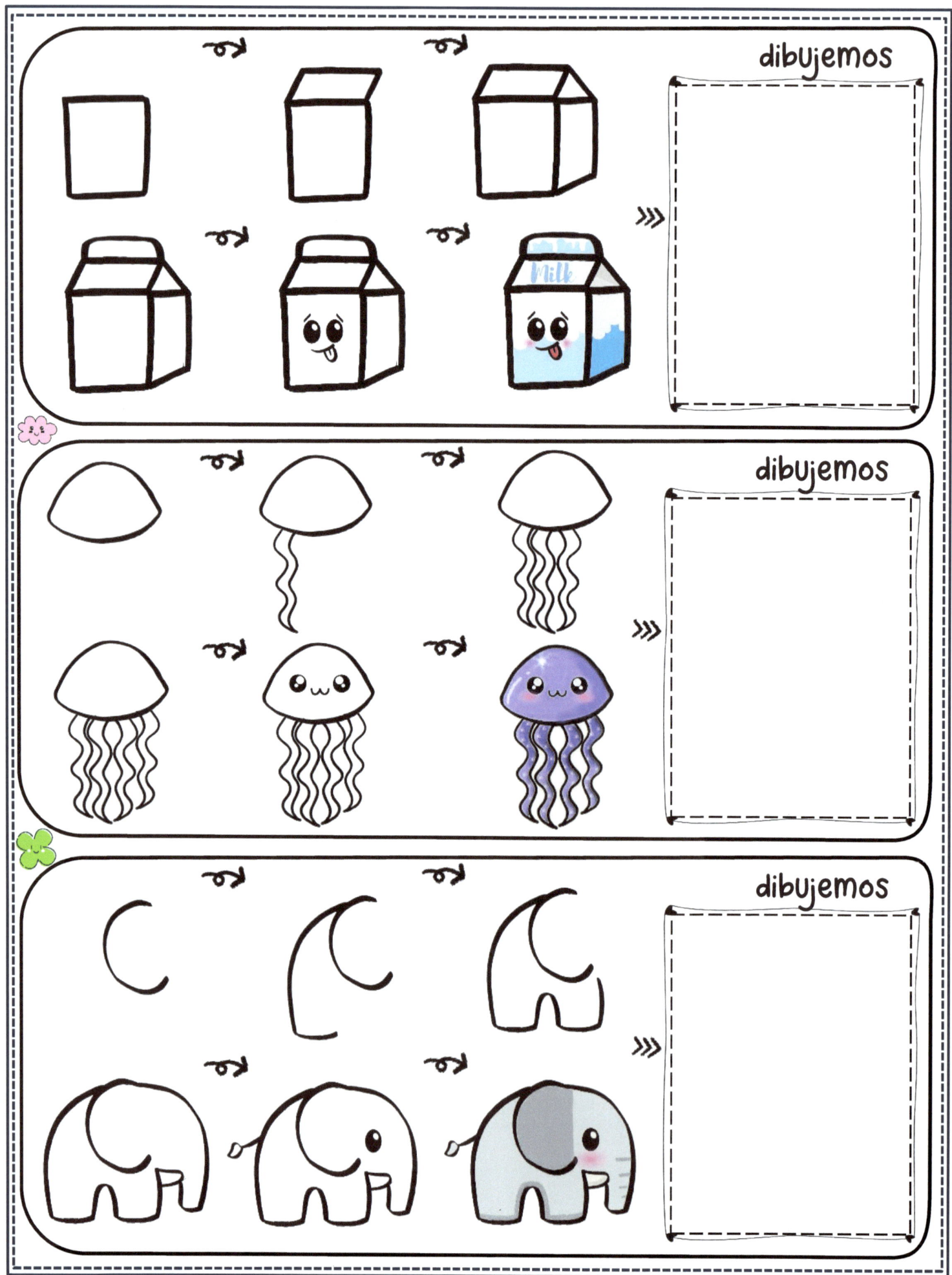

dibujemos

dibujemos

dibujemos

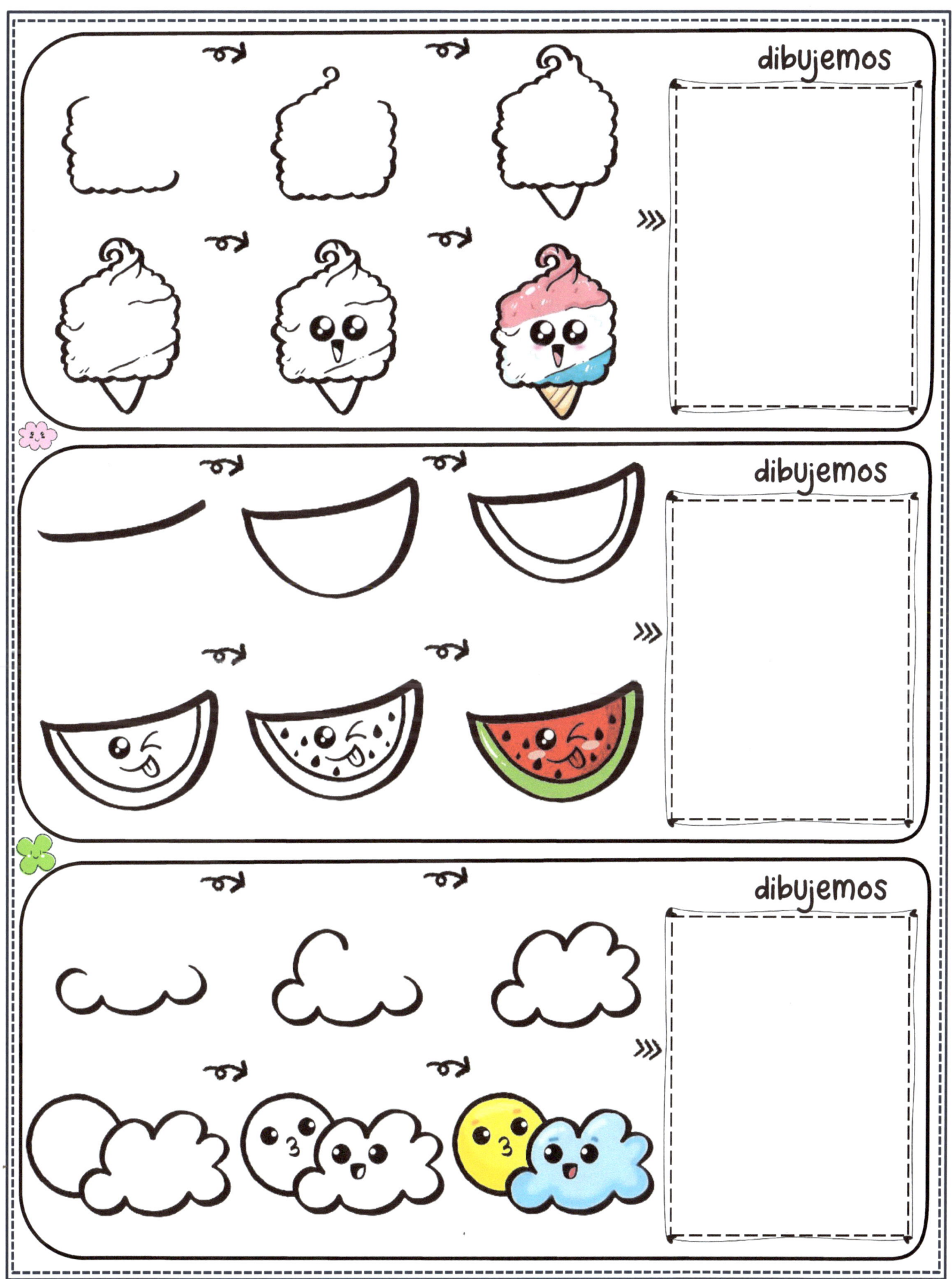

dibujemos

dibujemos

dibujemos

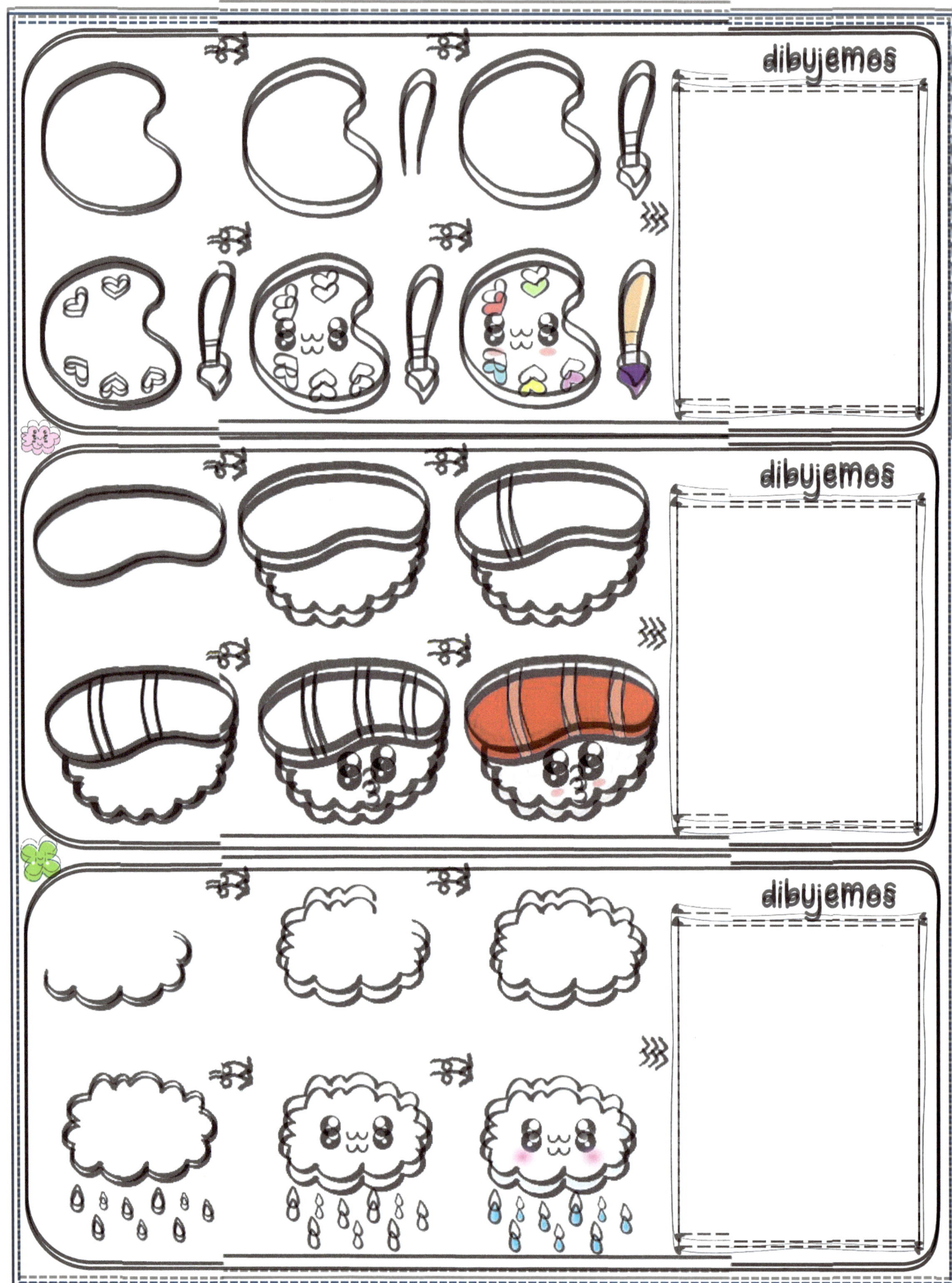

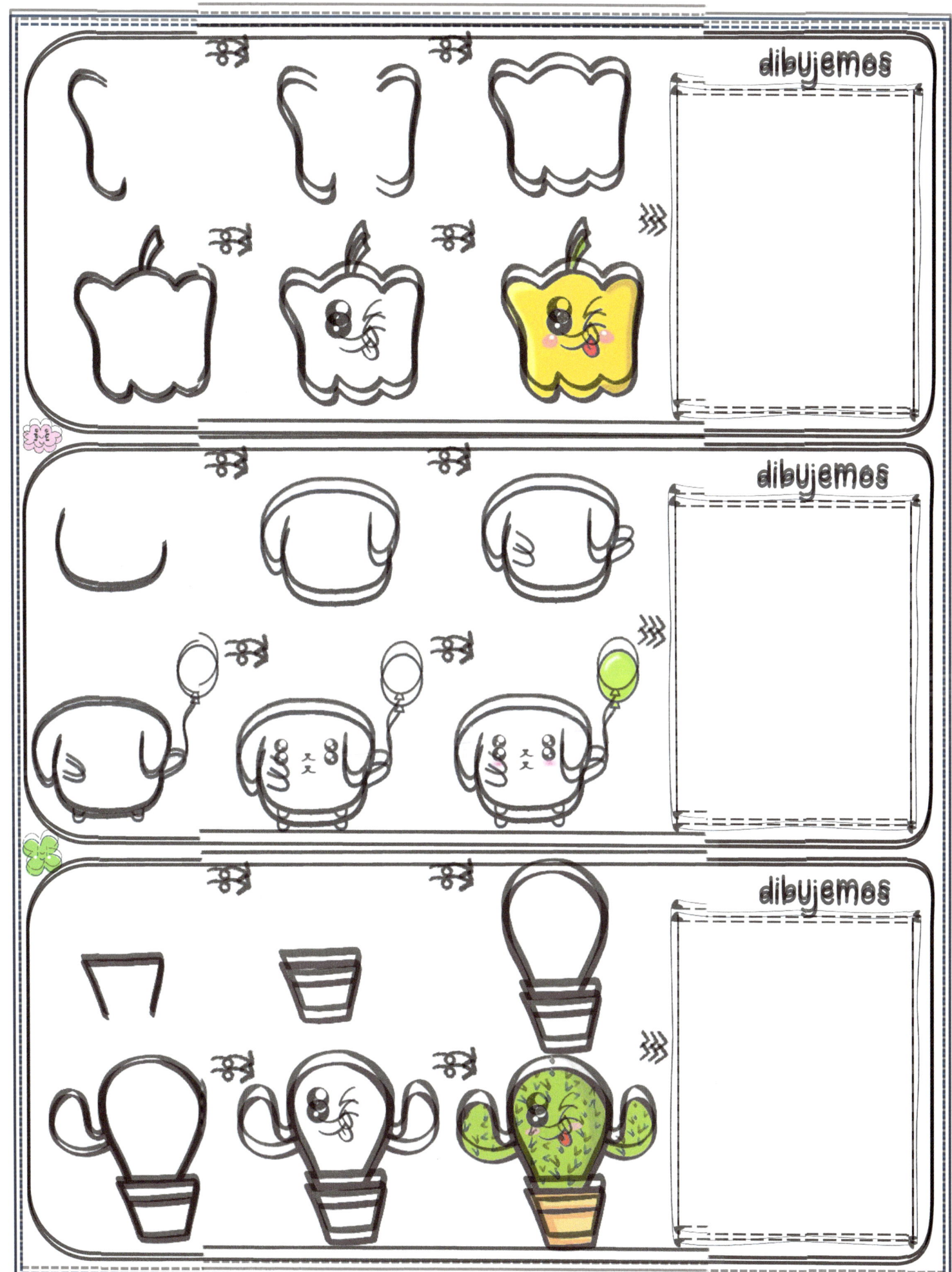

dibujemos

dibujemos

dibujemos

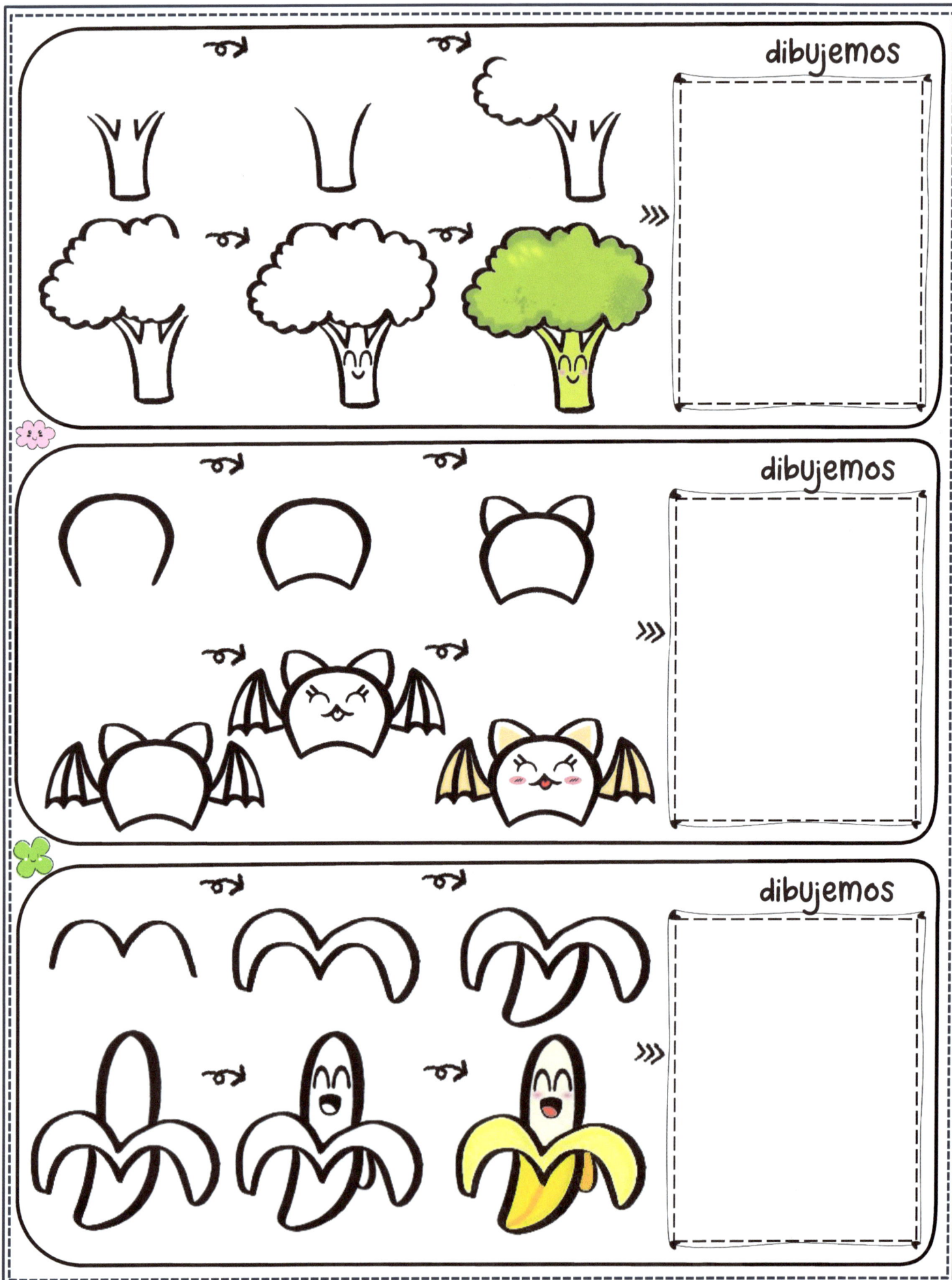

dibujemos

dibujemos

dibujemos

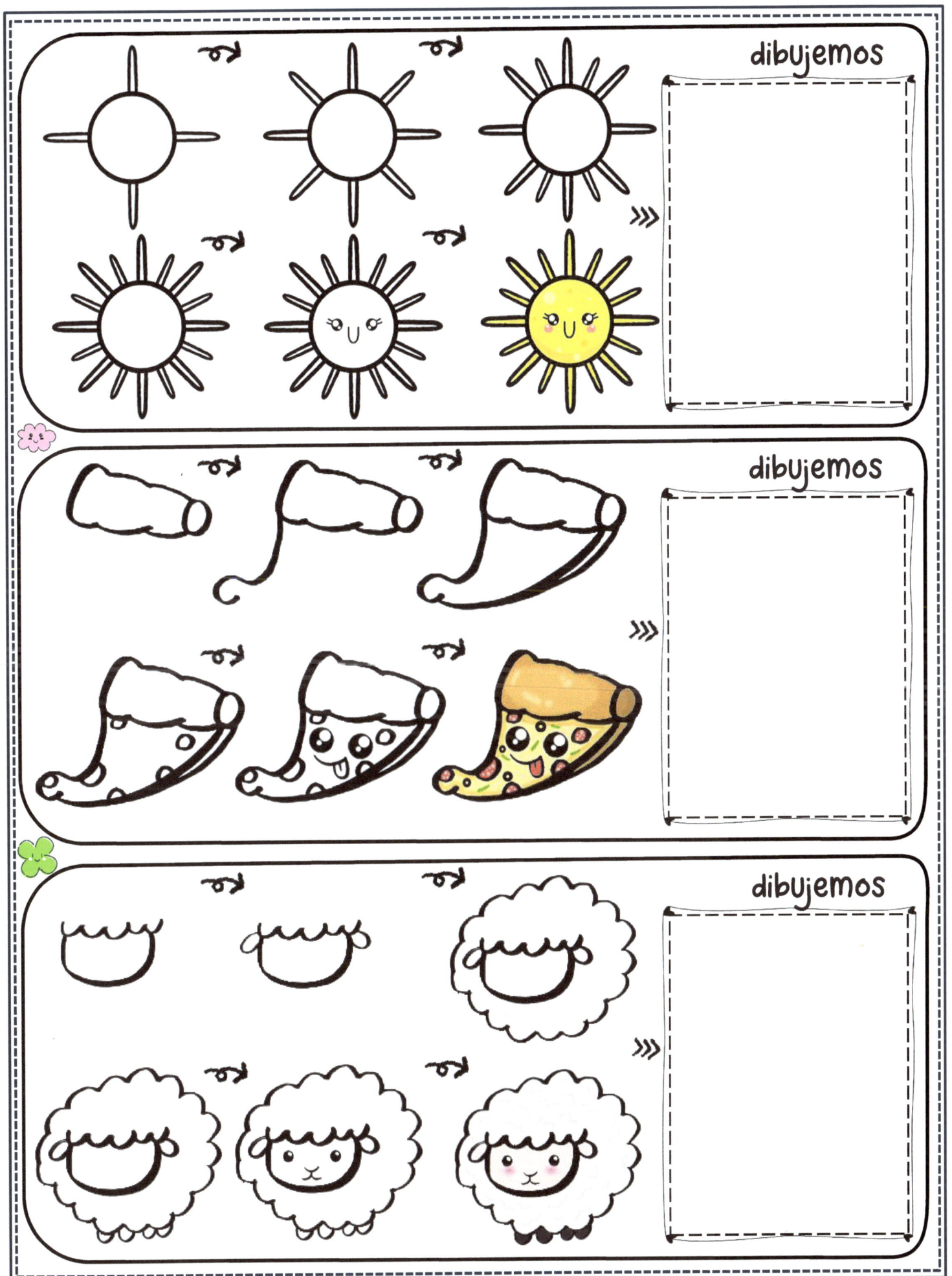

dibujemos

dibujemos

dibujemos

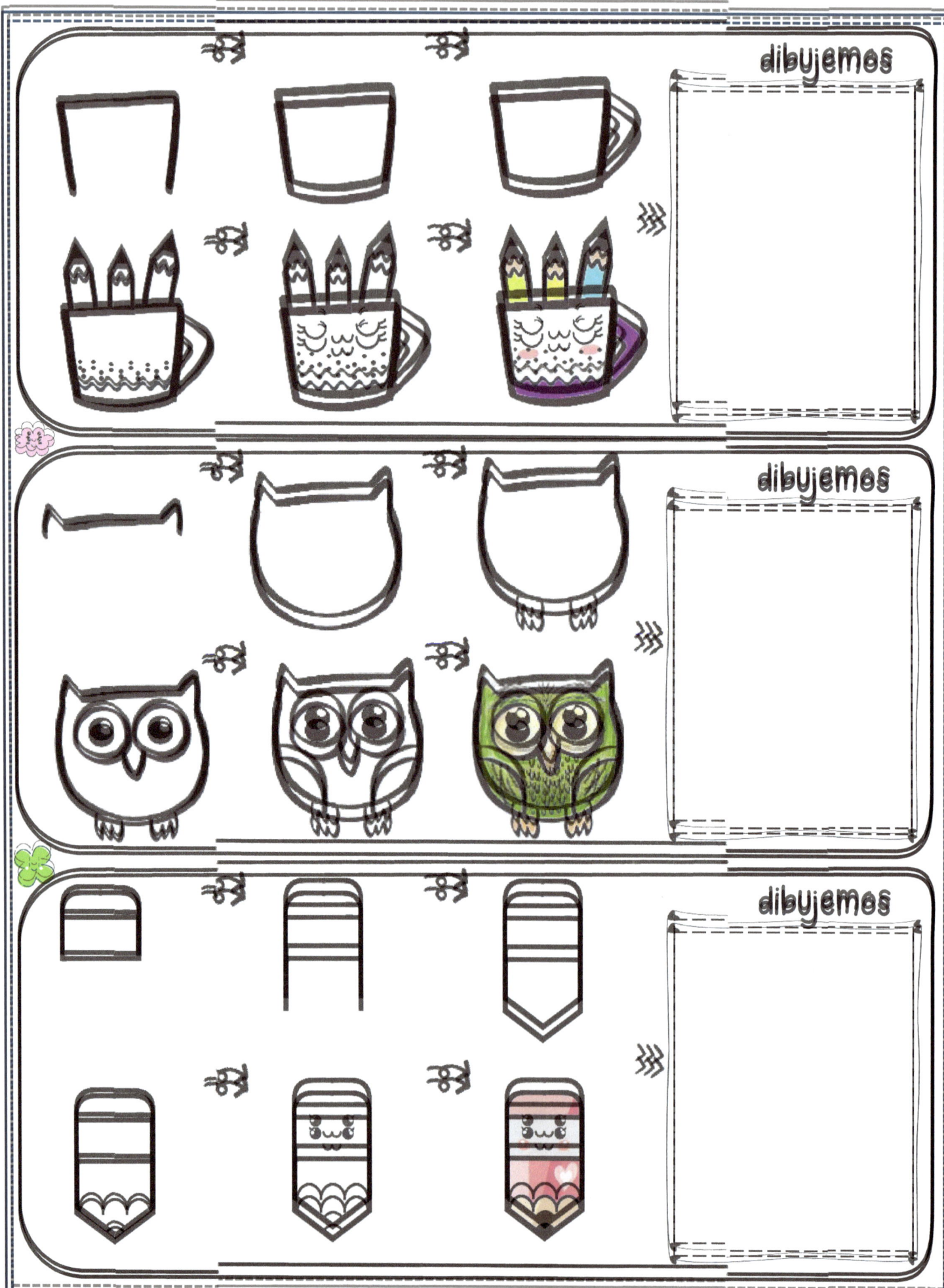

dibujemos

dibujemos

dibujemos

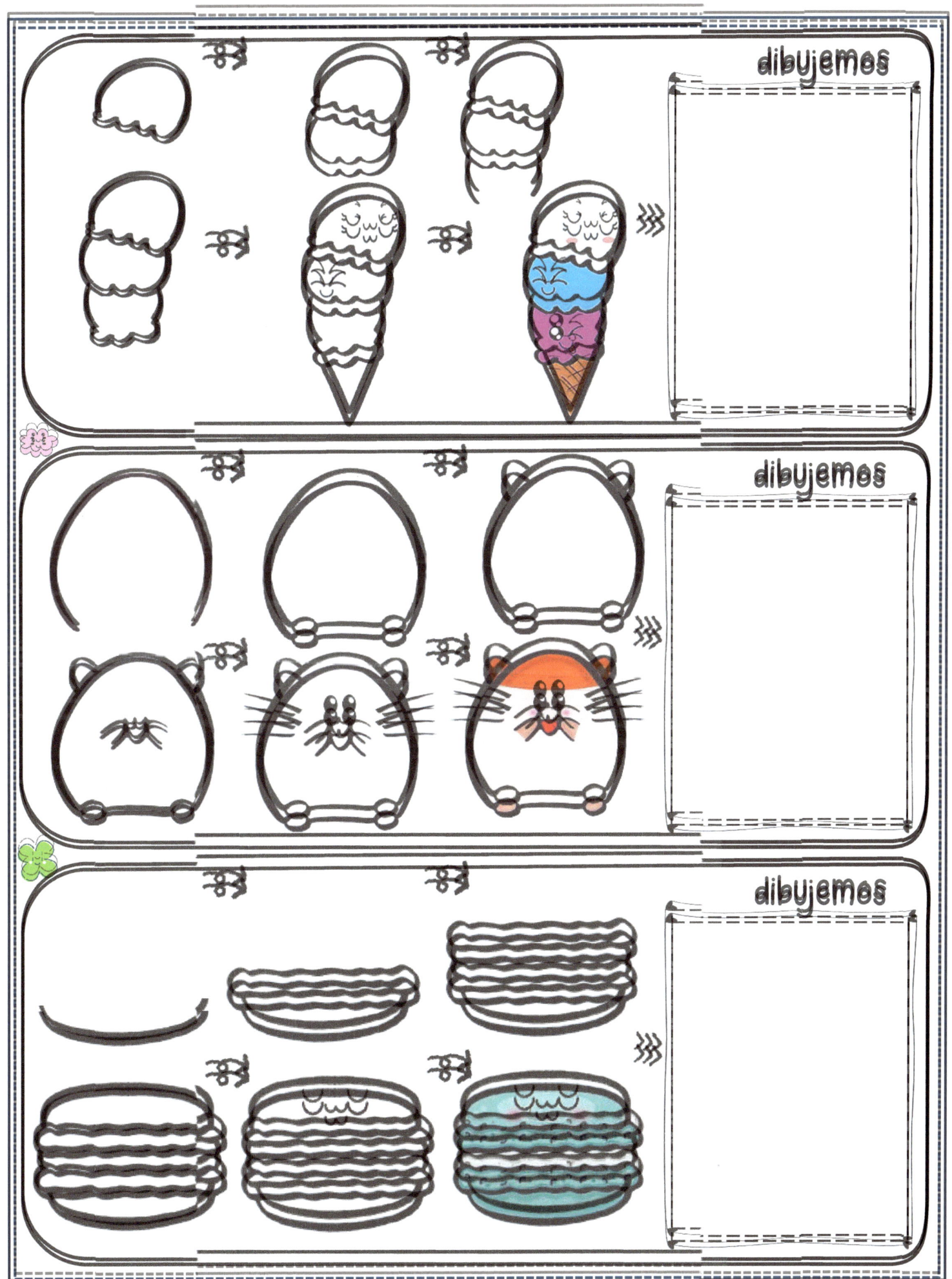

dibujemos

dibujemos

dibujemos

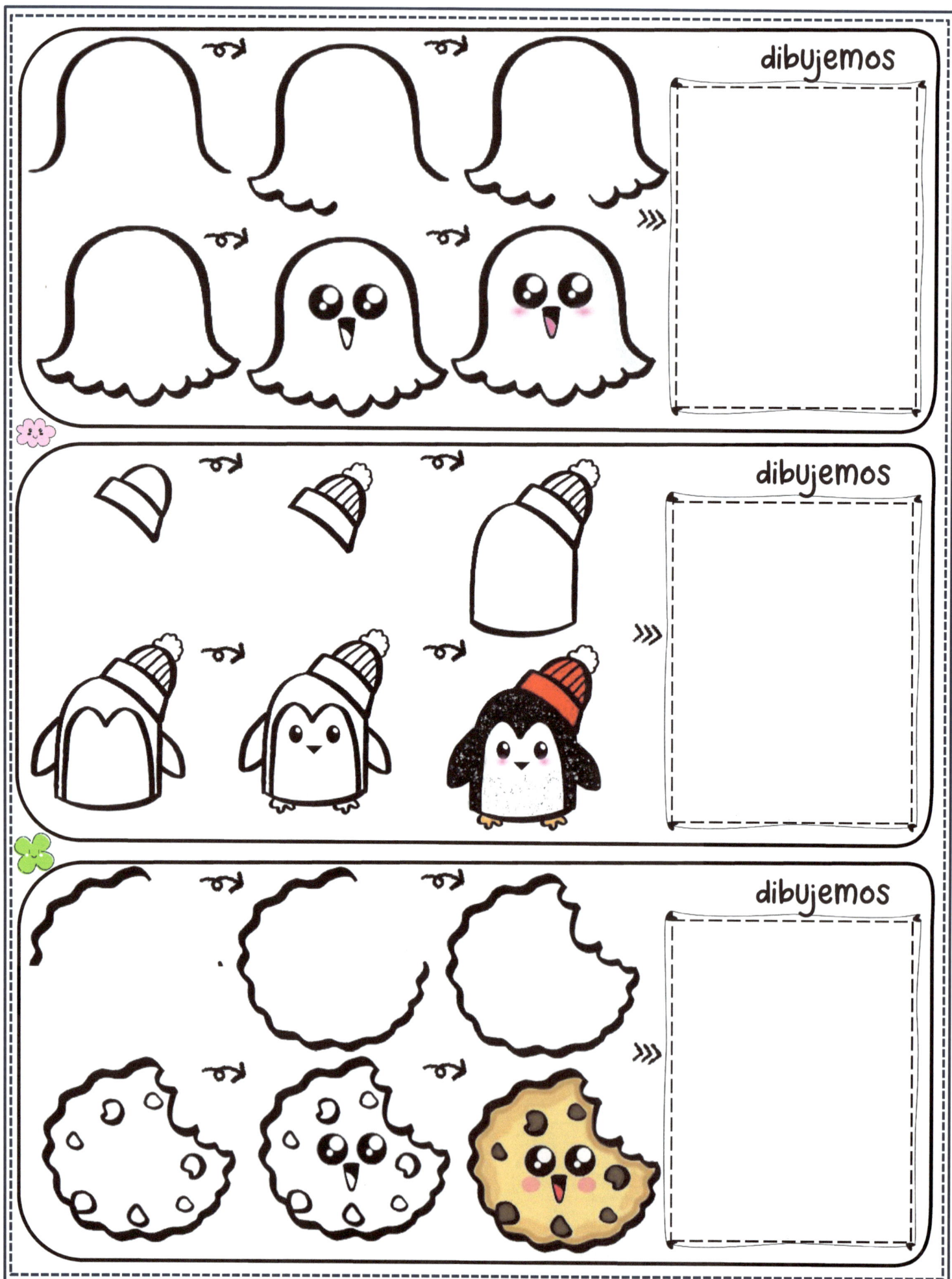

dibujemos

dibujemos

dibujemos

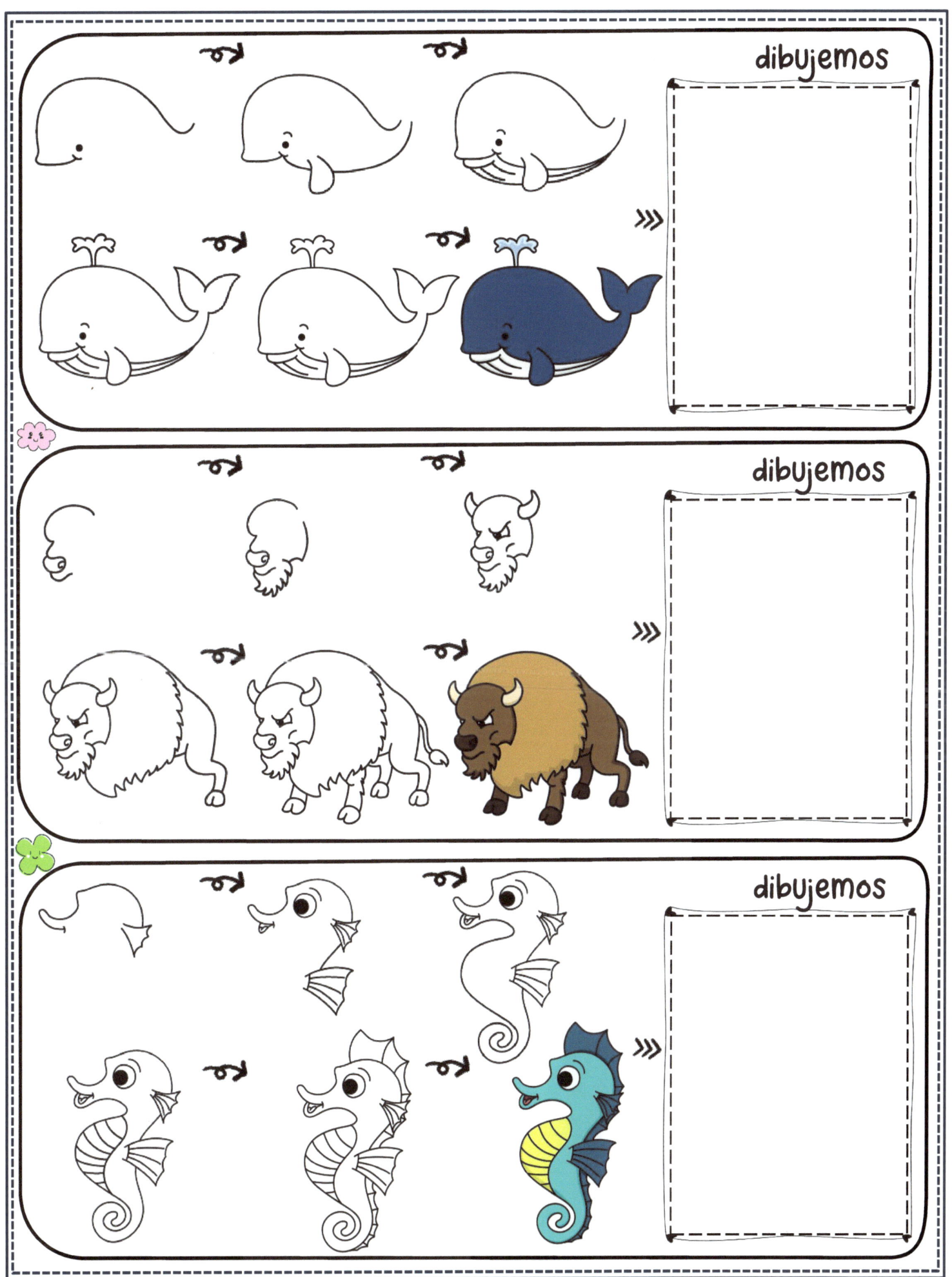

dibujemos

dibujemos

dibujemos

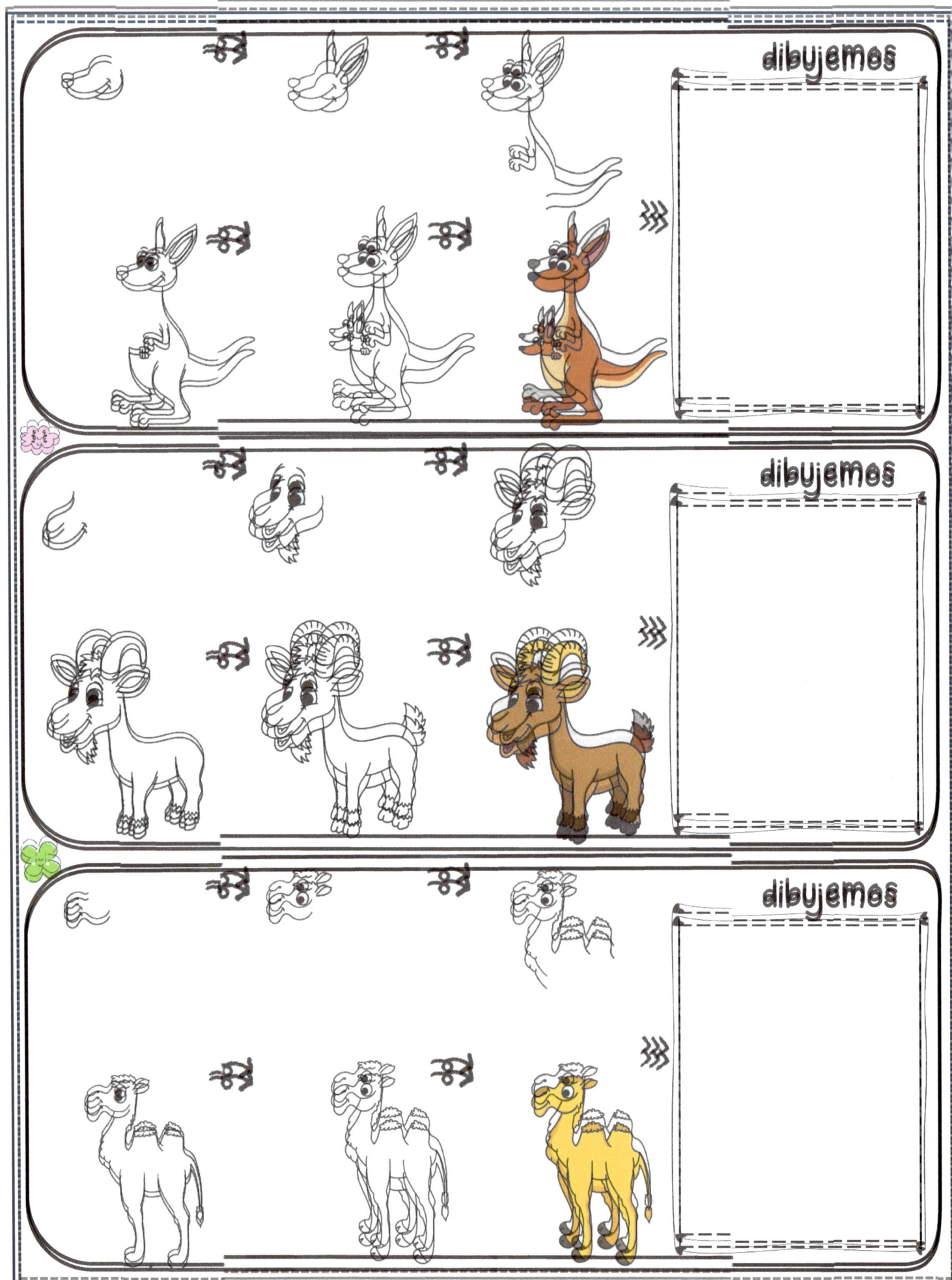

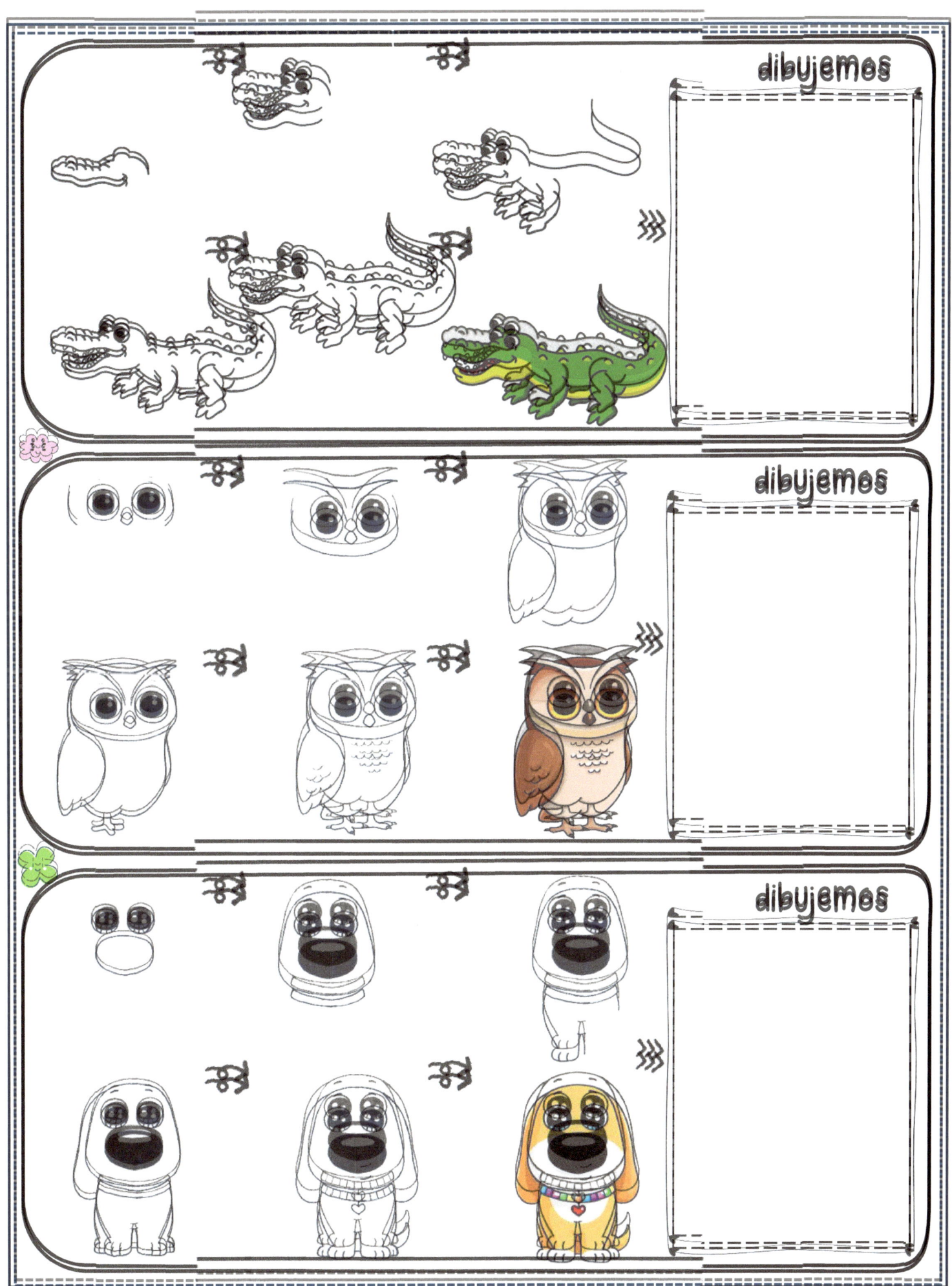

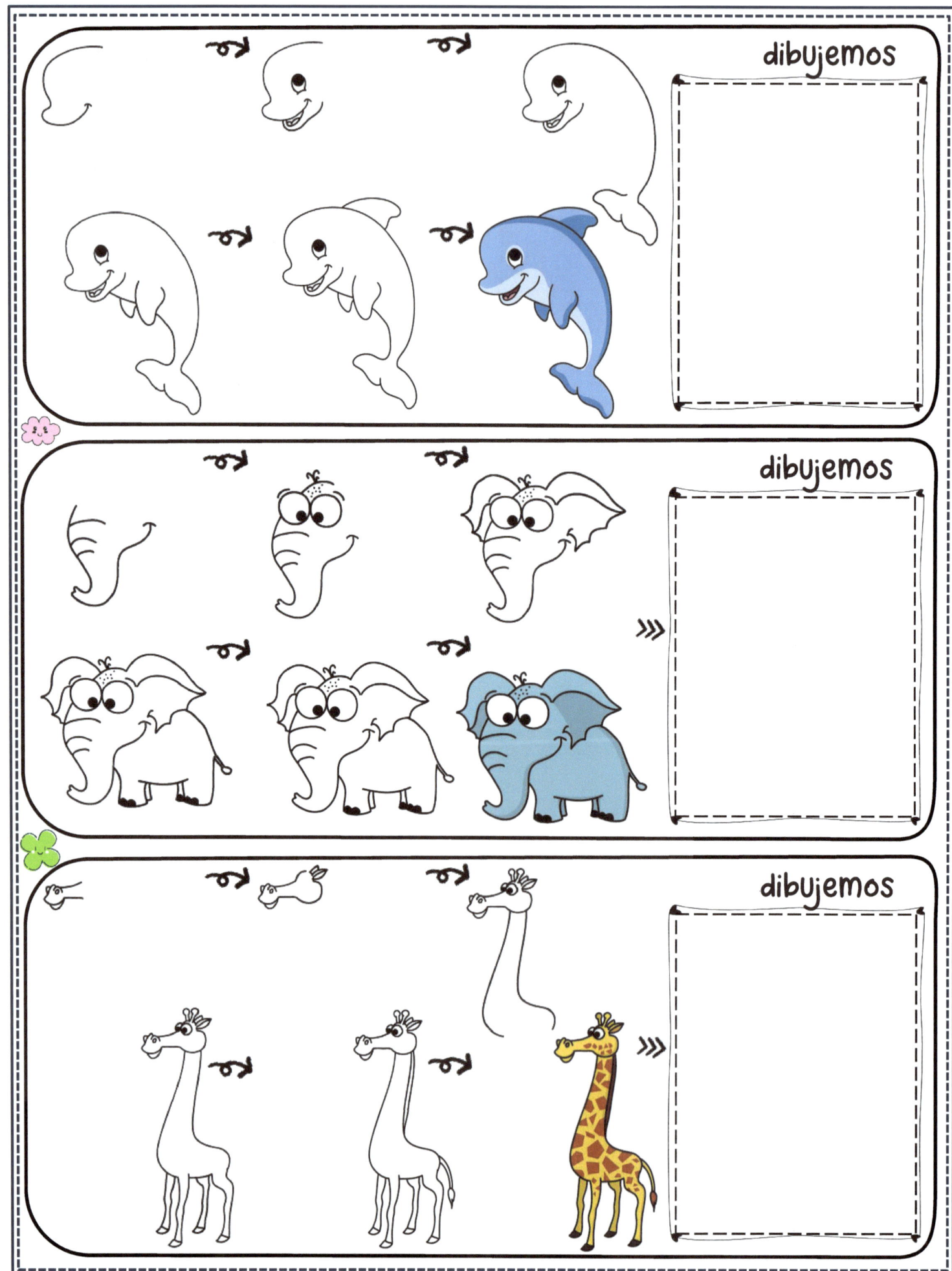

dibujemos

dibujemos

dibujemos

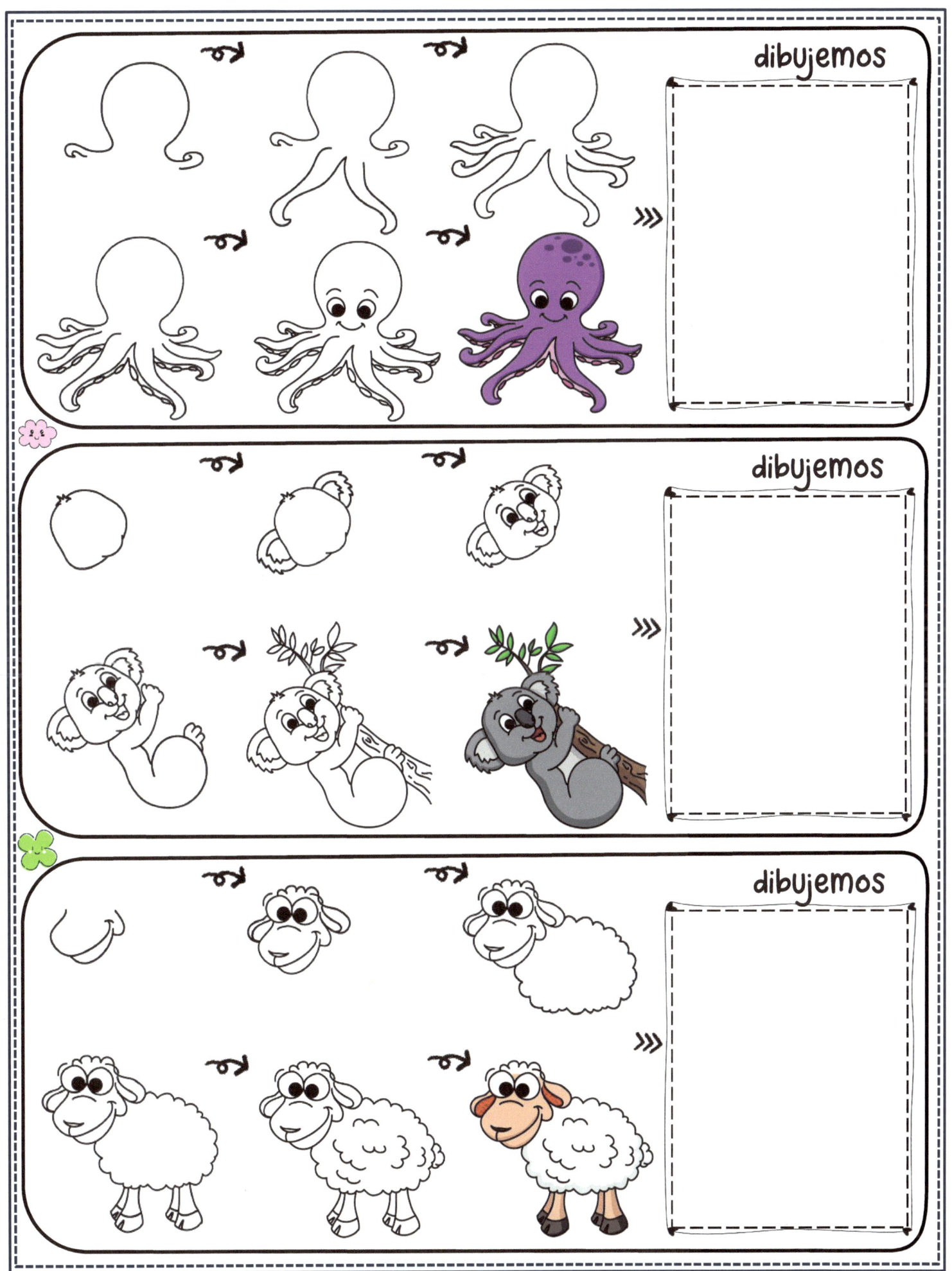

dibujemos

dibujemos

dibujemos

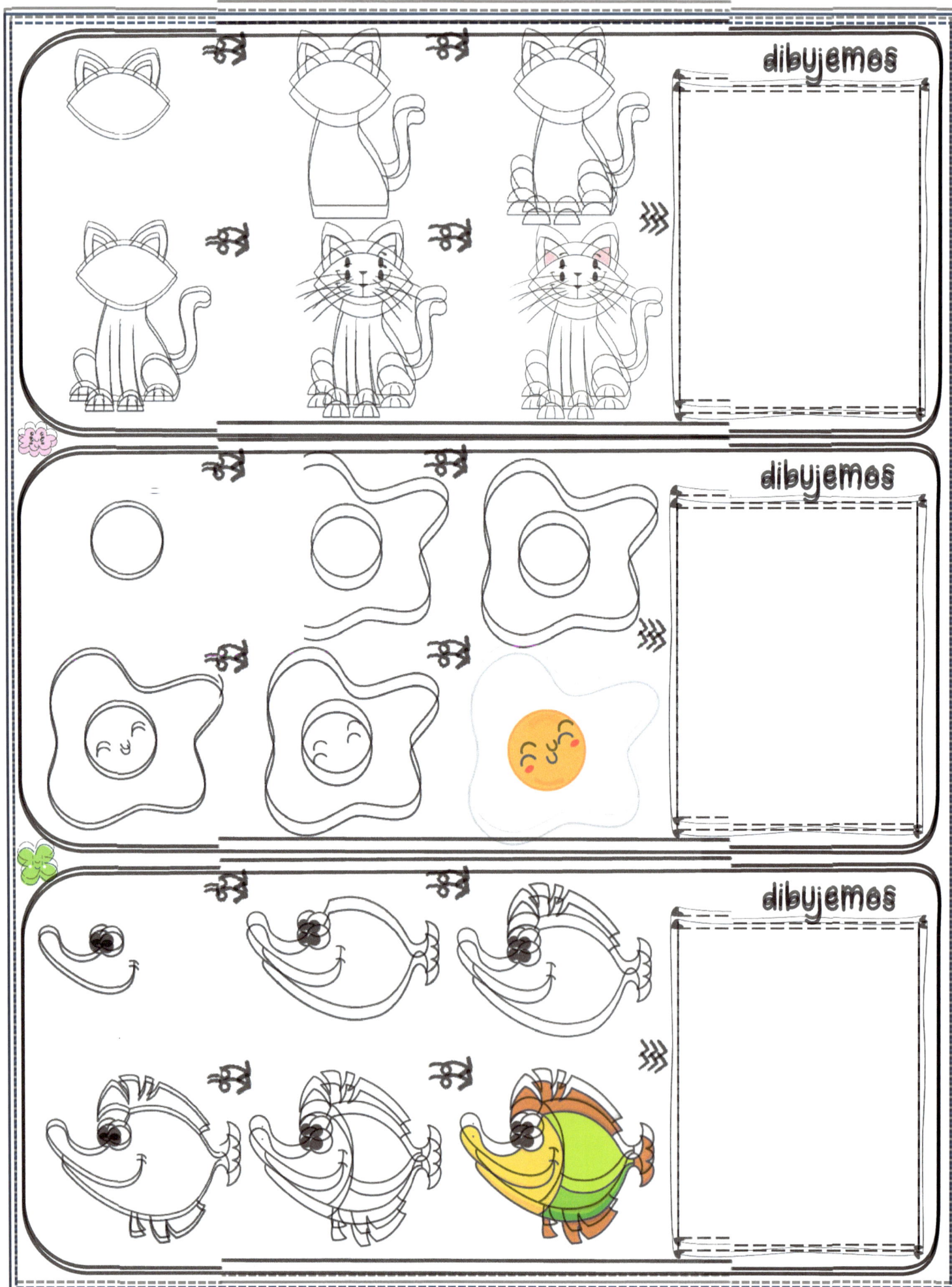

dibujemos

dibujemos

dibujemos

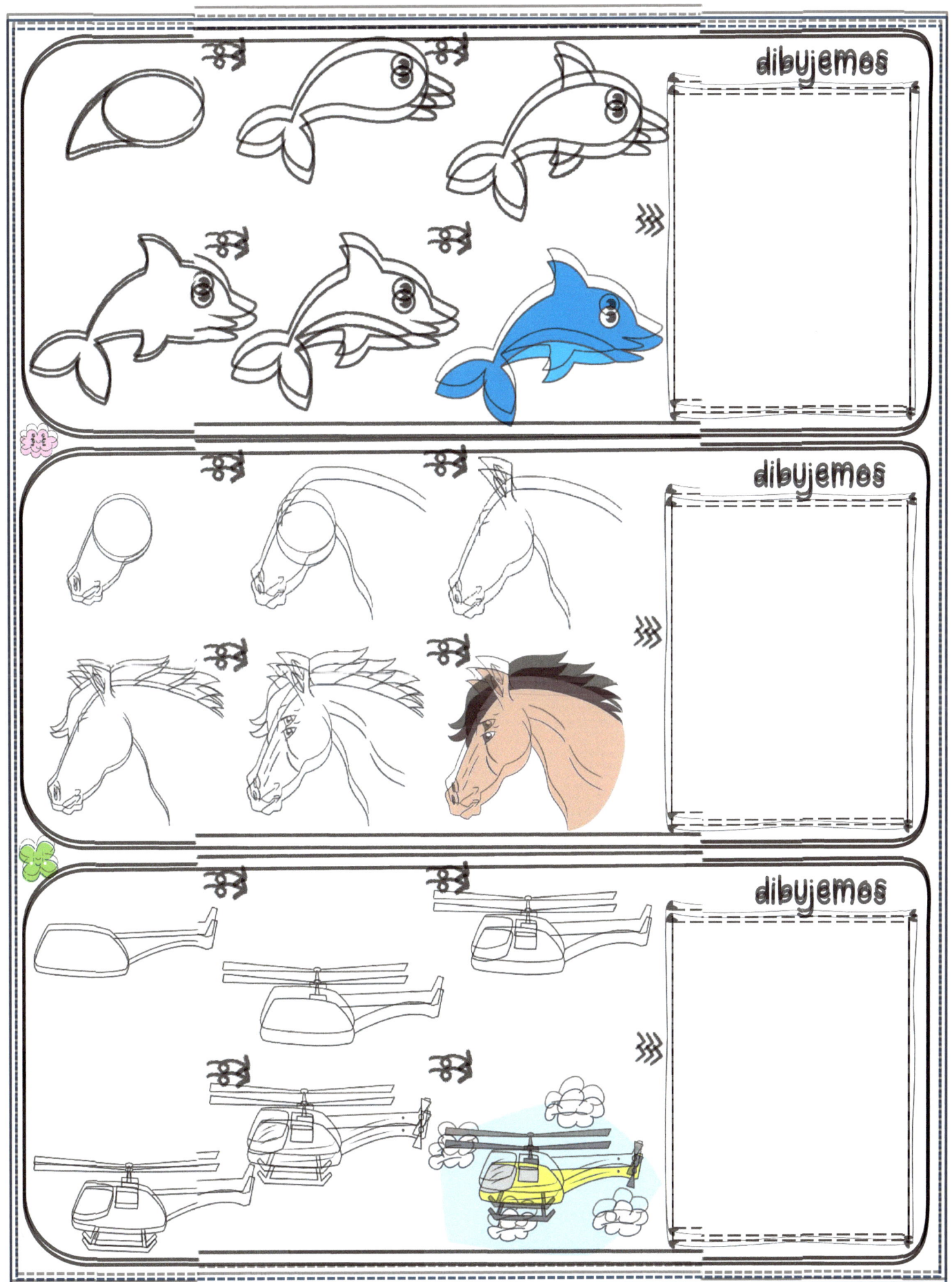

dibujemos

dibujemos

dibujemos

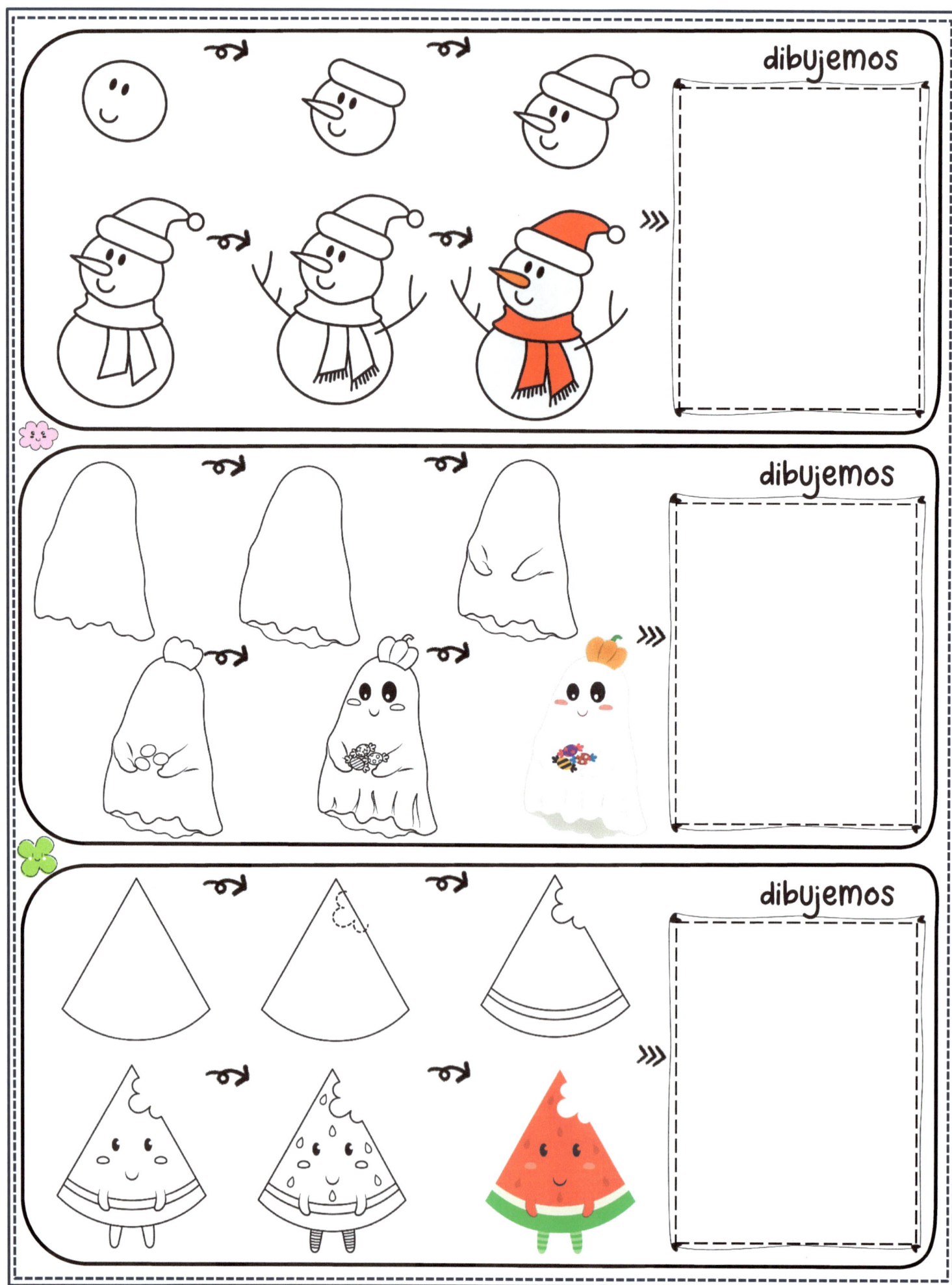

dibujemos

dibujemos

dibujemos

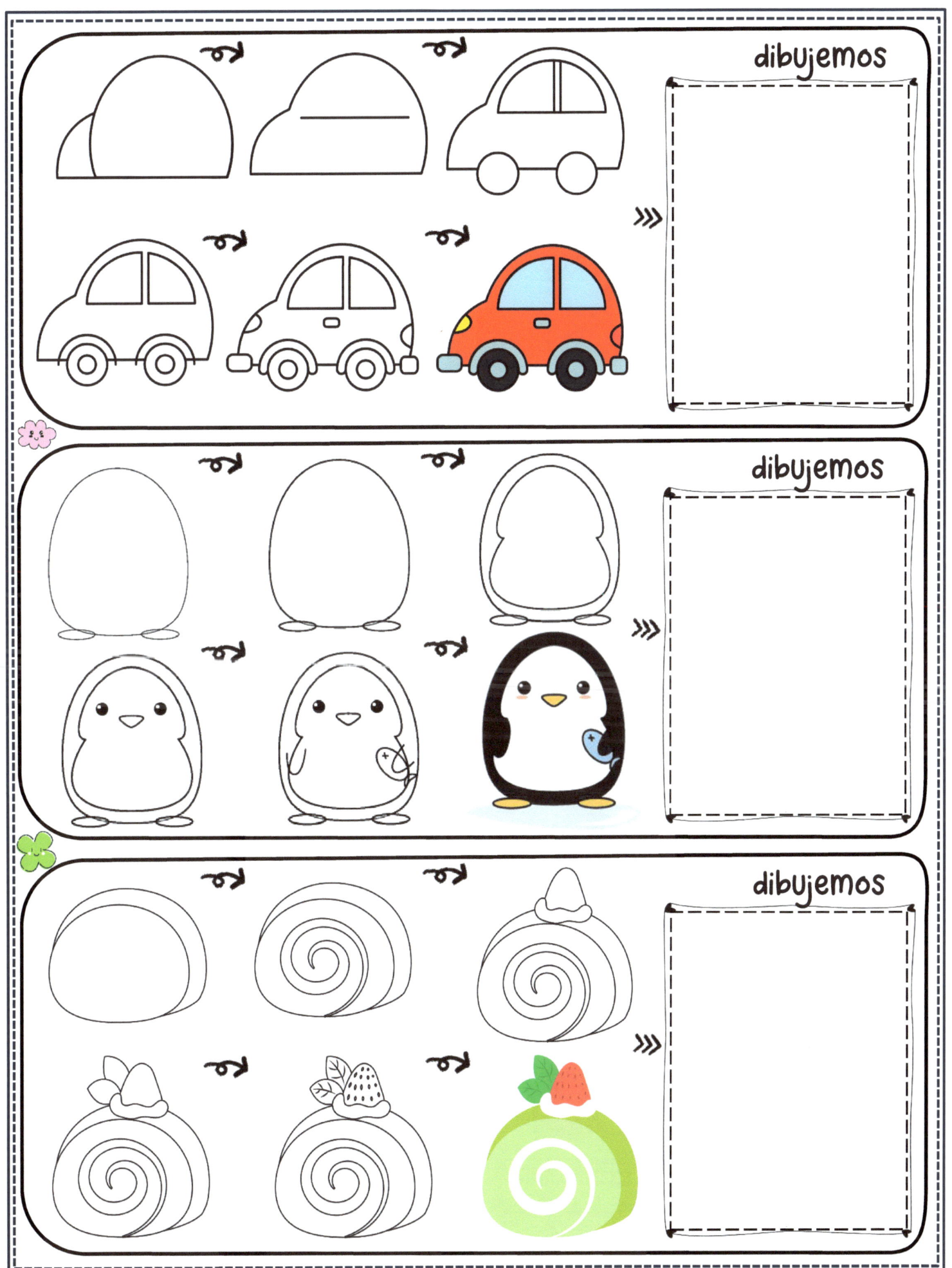

dibujemos

dibujemos

dibujemos

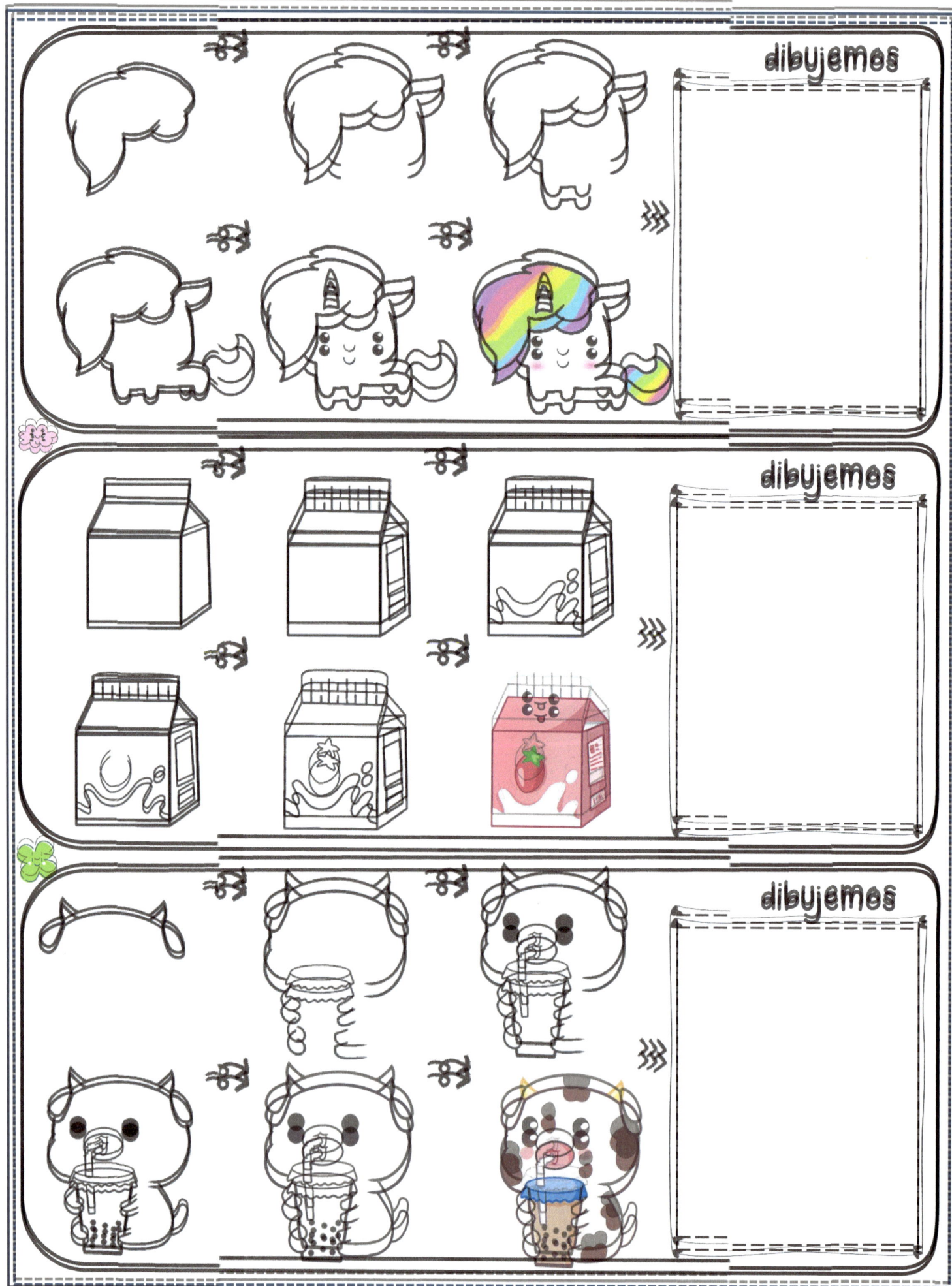

dibujemos

dibujemos

dibujemos

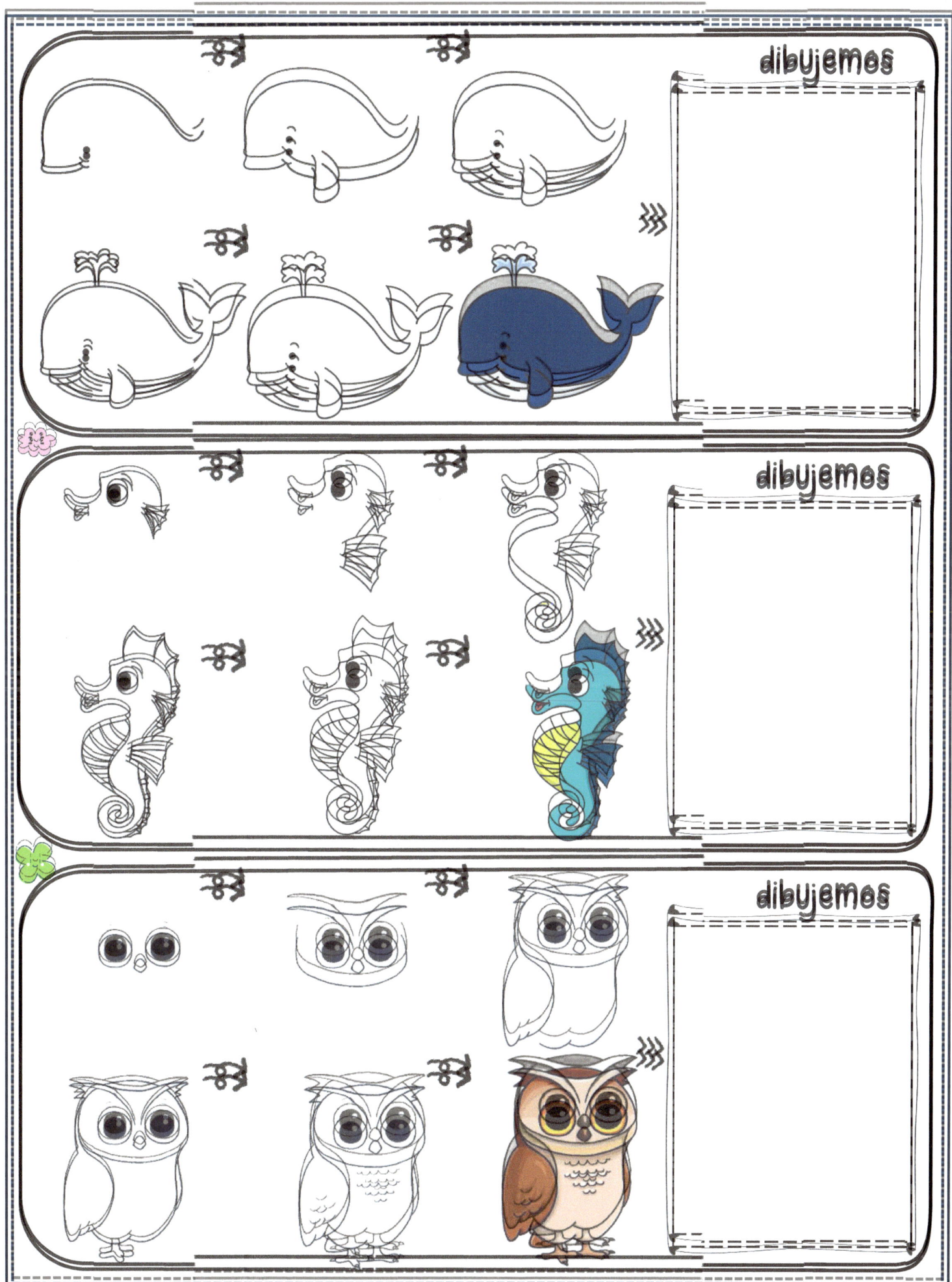

dibujemos

dibujemos

dibujemos

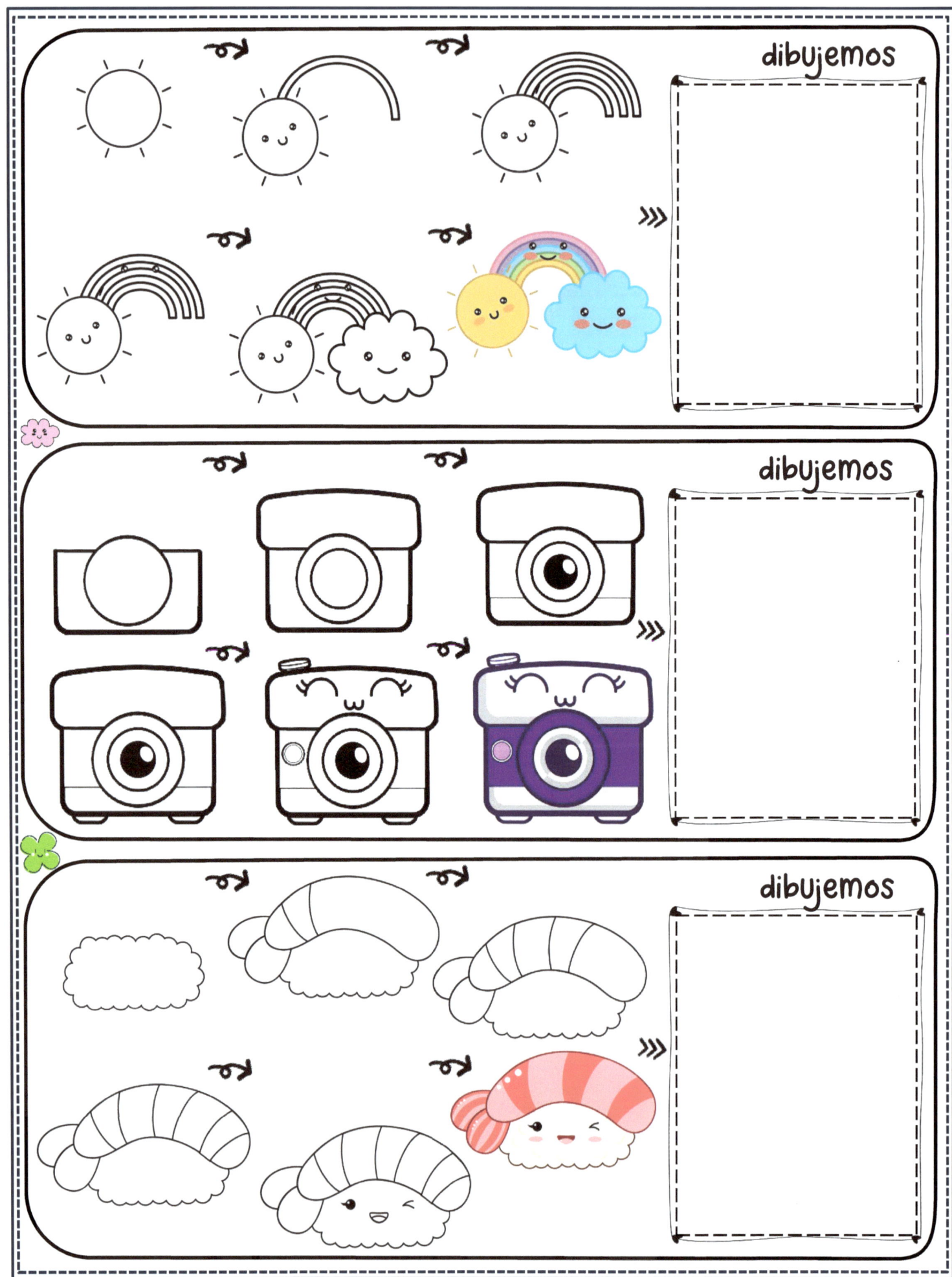

dibujemos

dibujemos

dibujemos

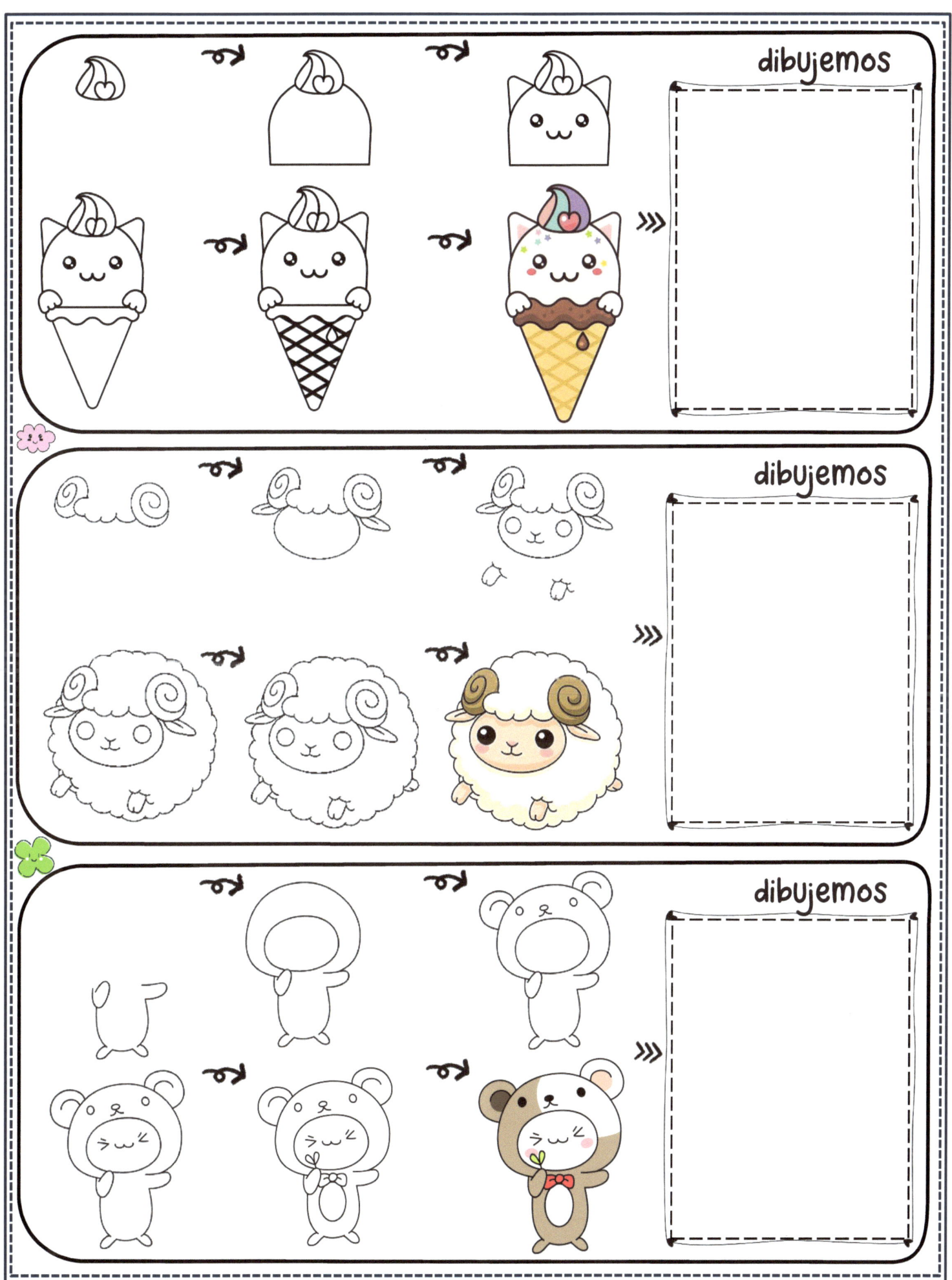

dibujemos

dibujemos

dibujemos

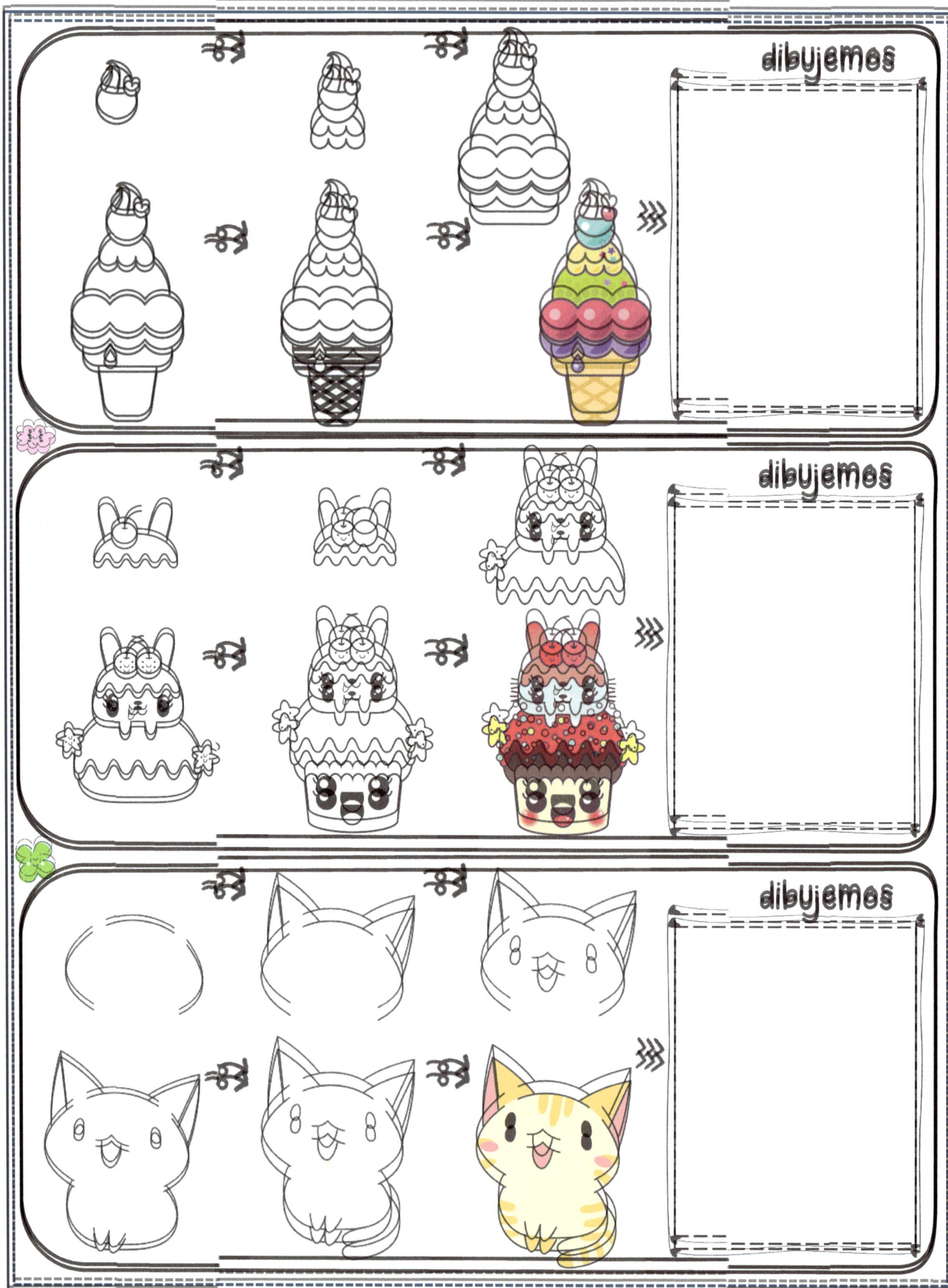

dibujemos

dibujemos

dibujemos

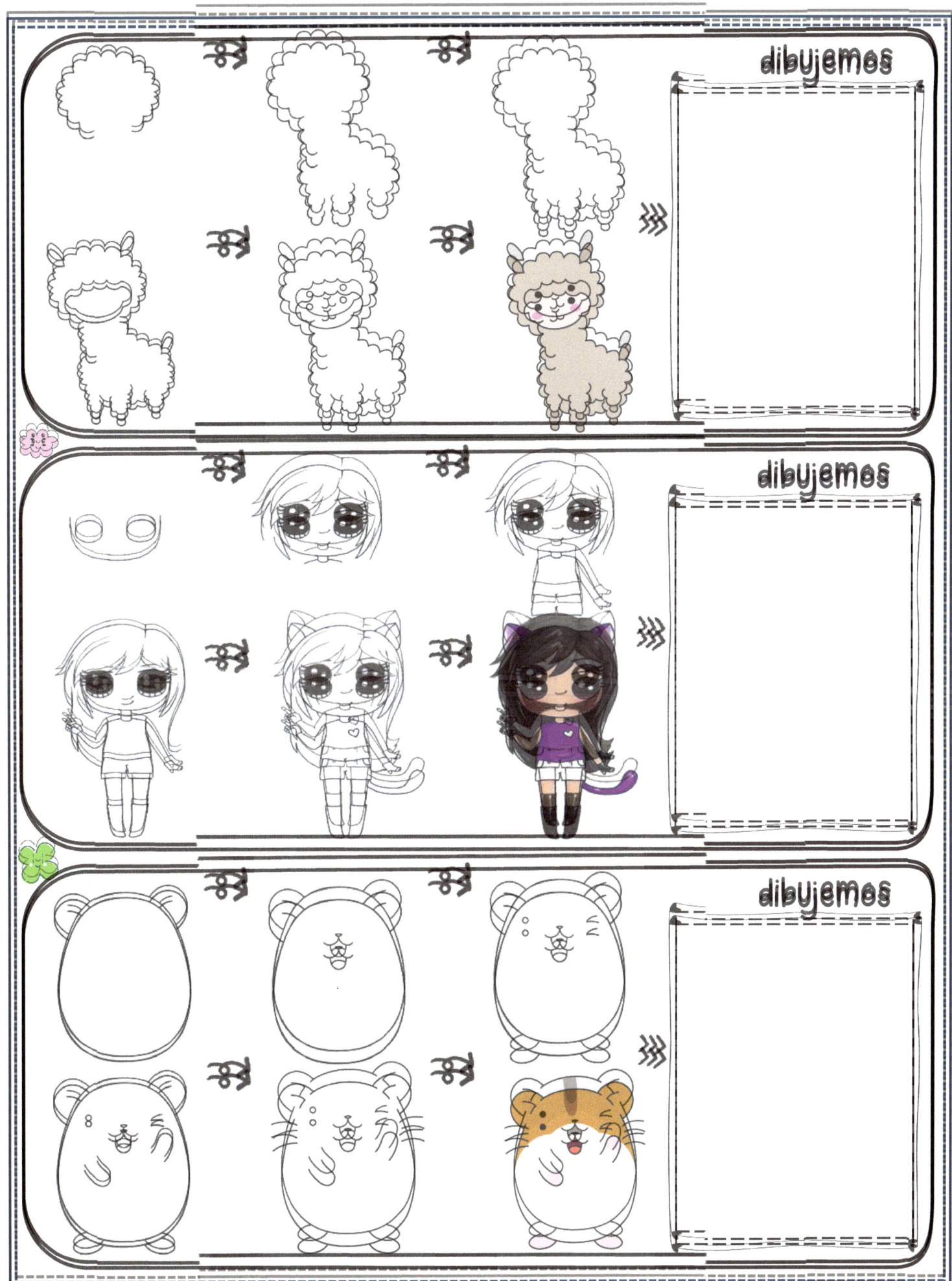

dibujemos

dibujemos

dibujemos

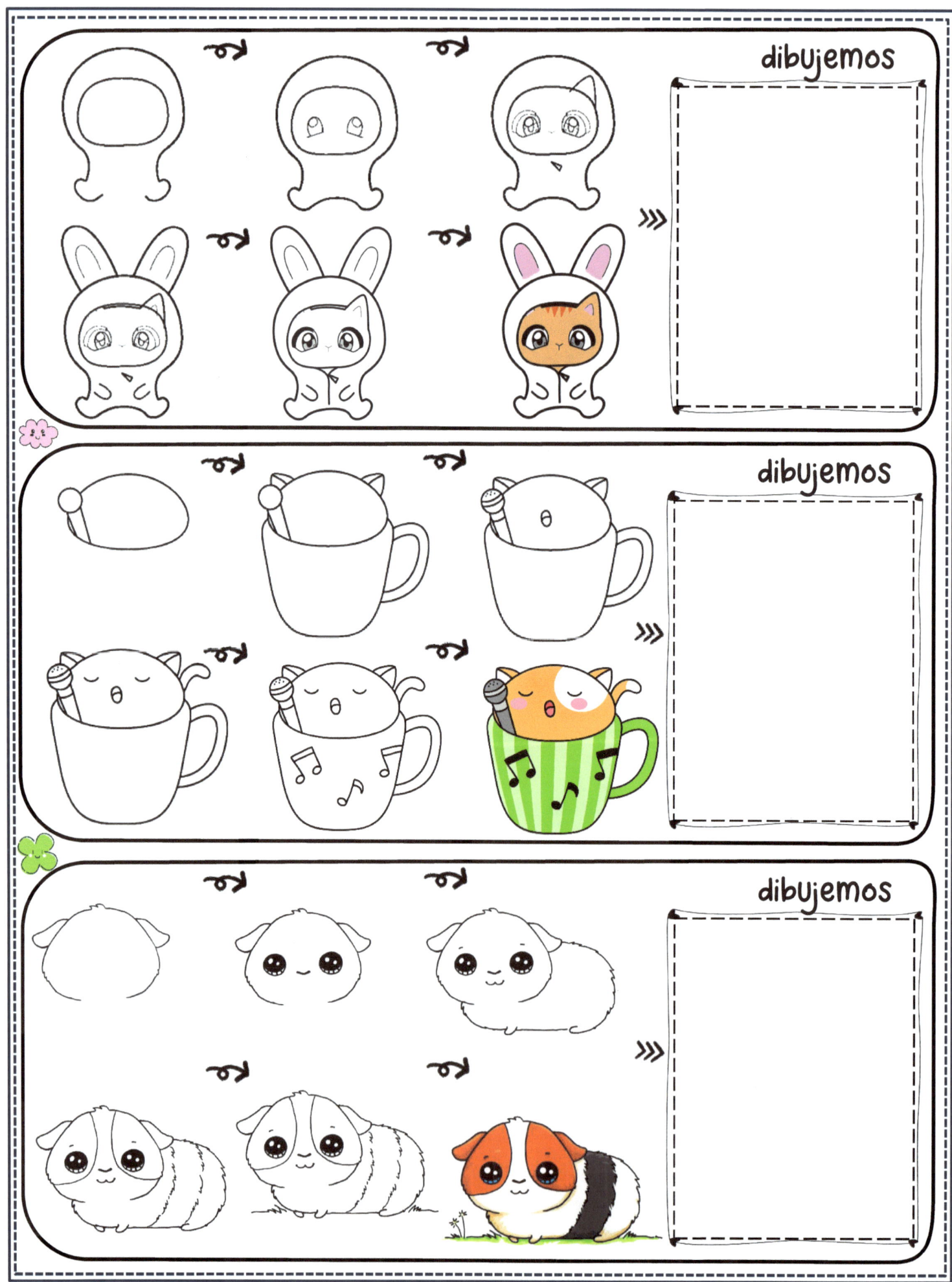

dibujemos

dibujemos

dibujemos

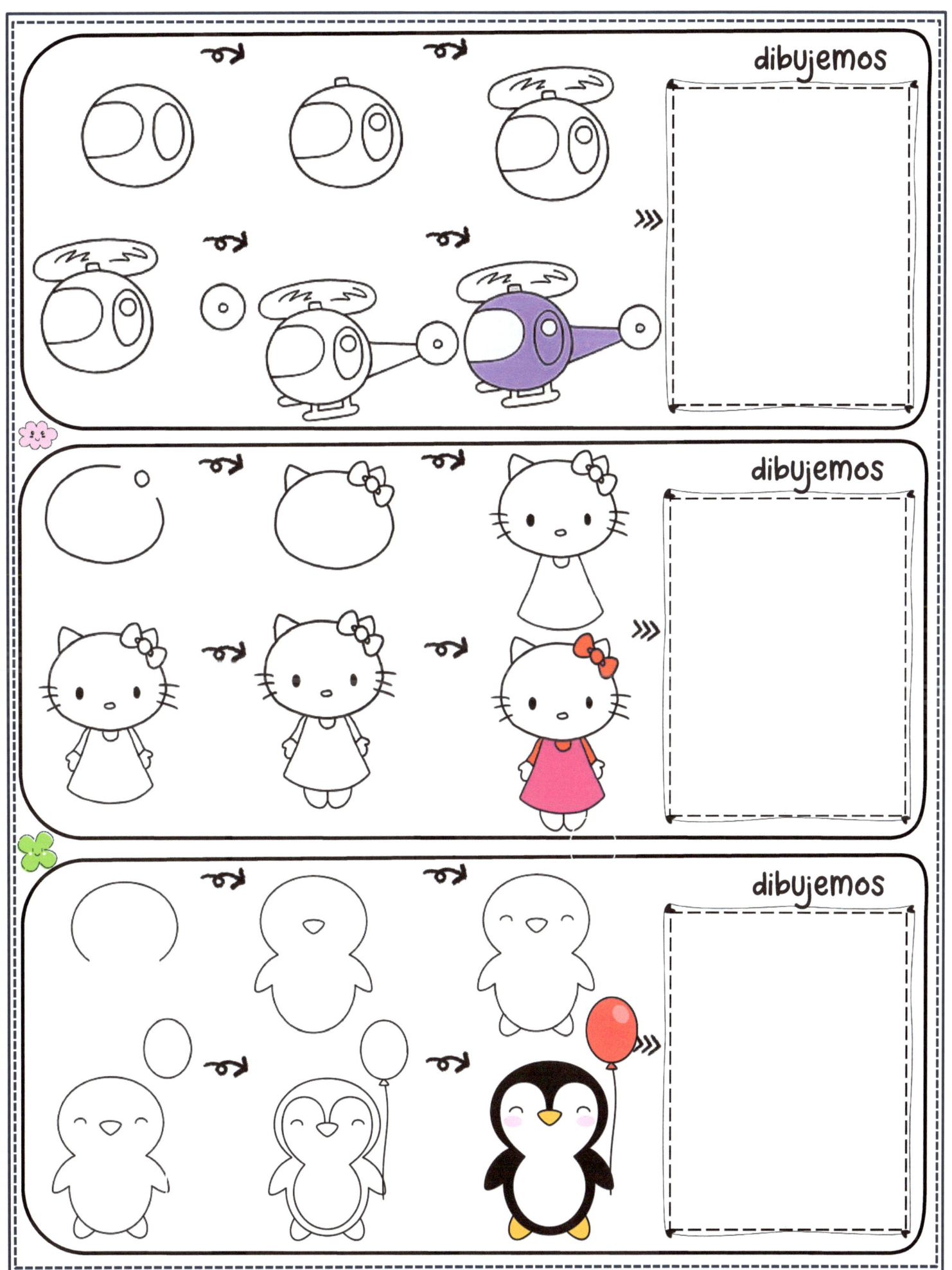

dibujemos

dibujemos

dibujemos

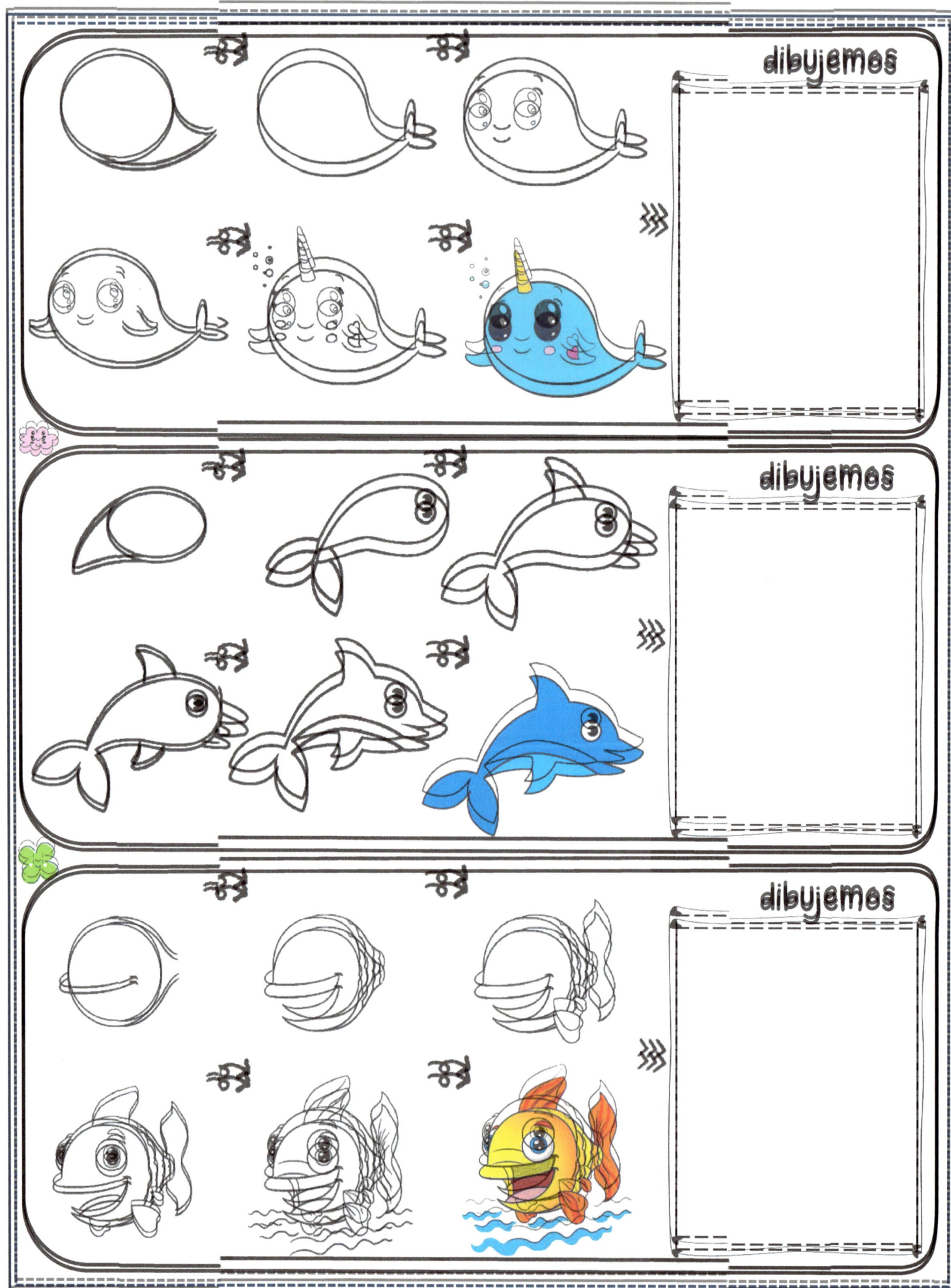

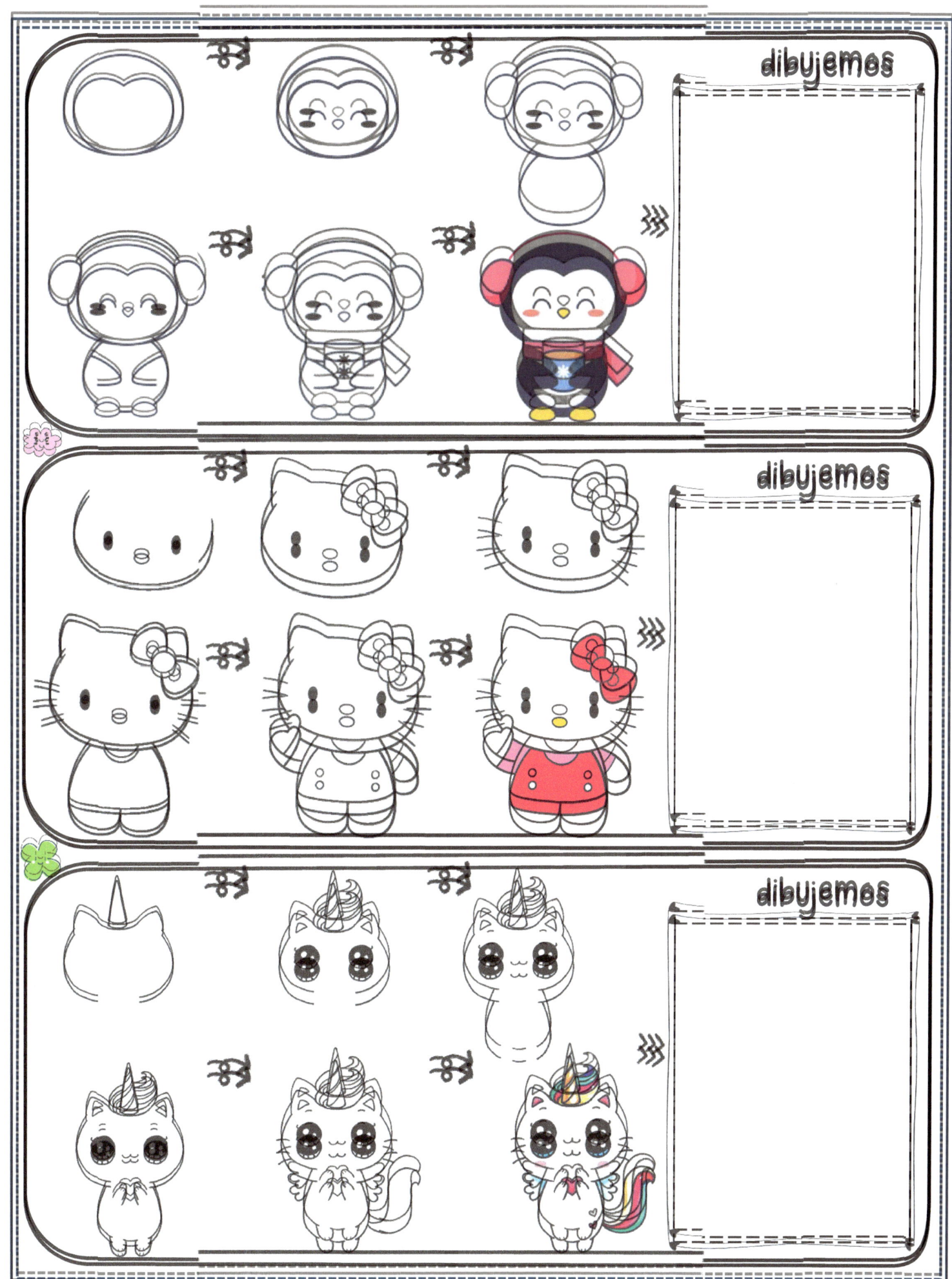

dibujemos

dibujemos

dibujemos

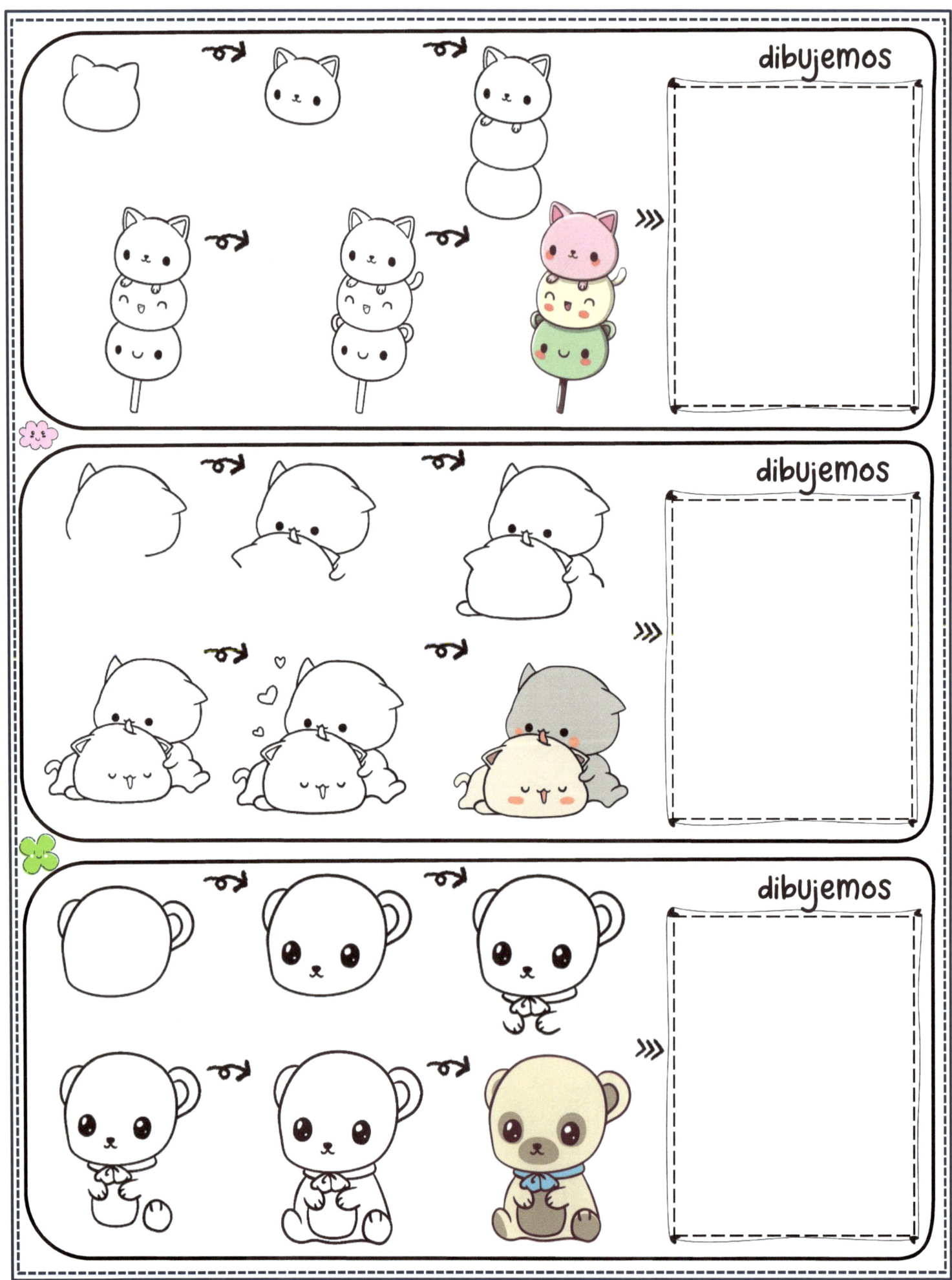

dibujemos

dibujemos

dibujemos

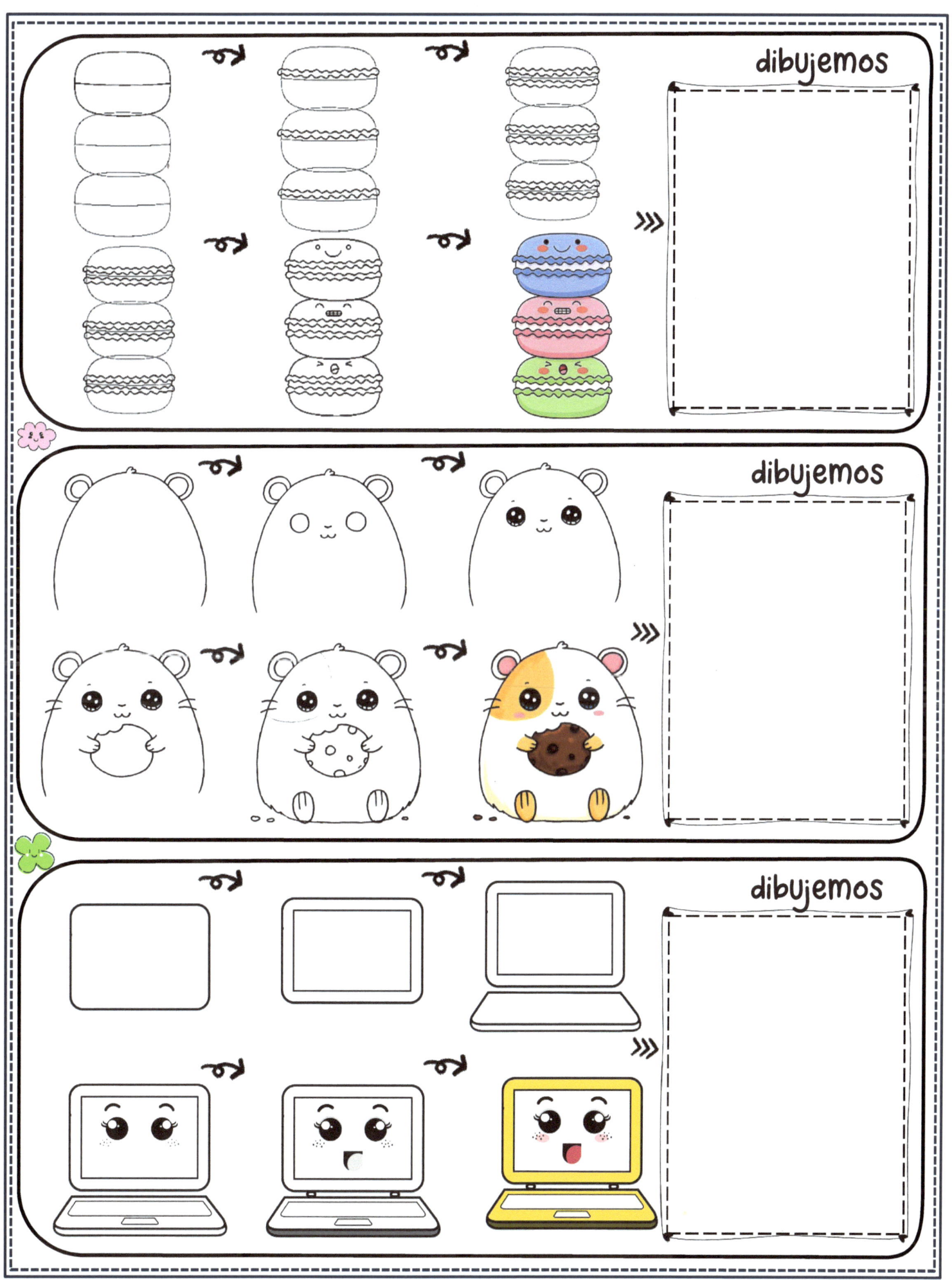

dibujemos

dibujemos

dibujemos

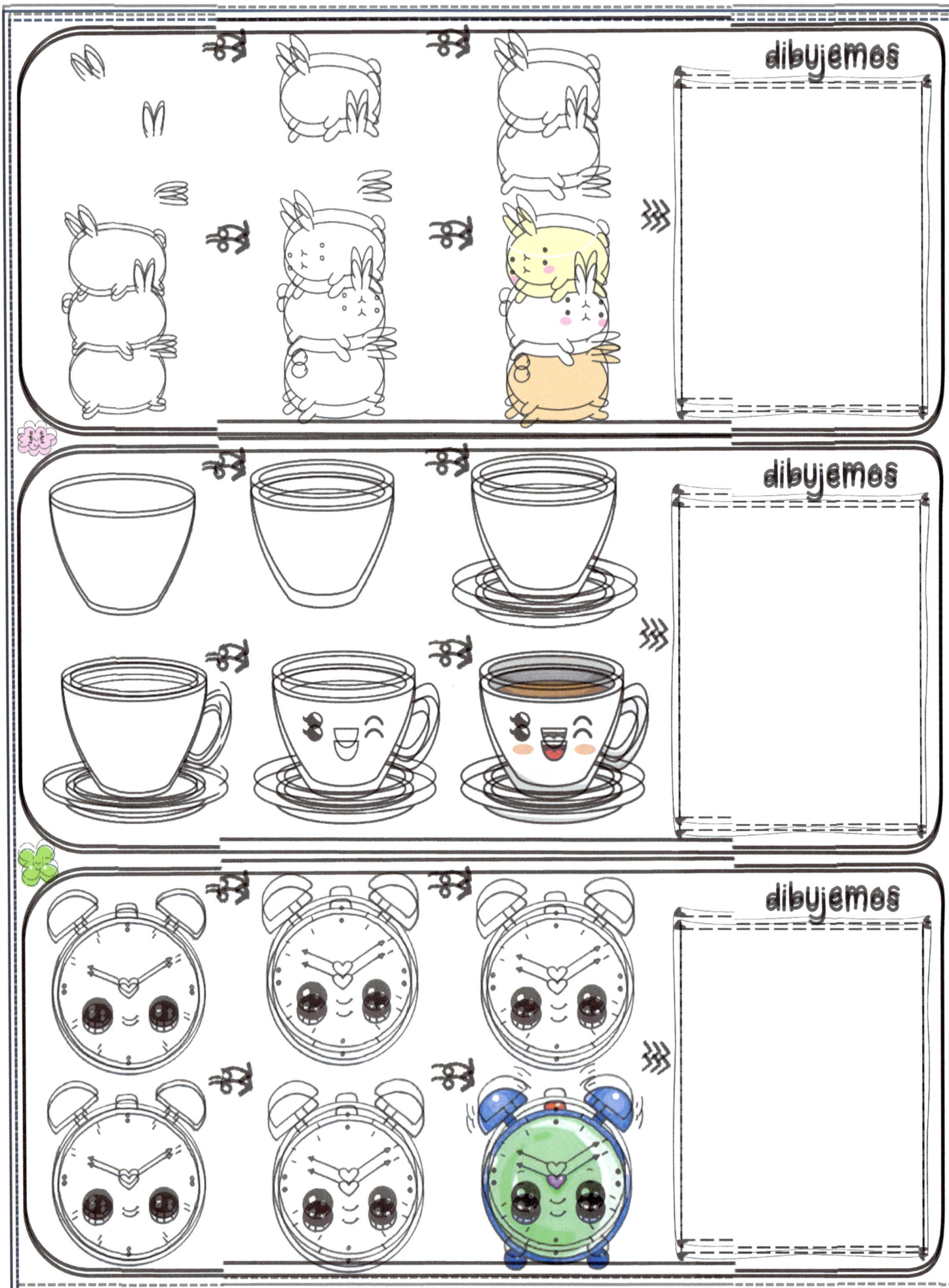

dibujemos

dibujemos

dibujemos

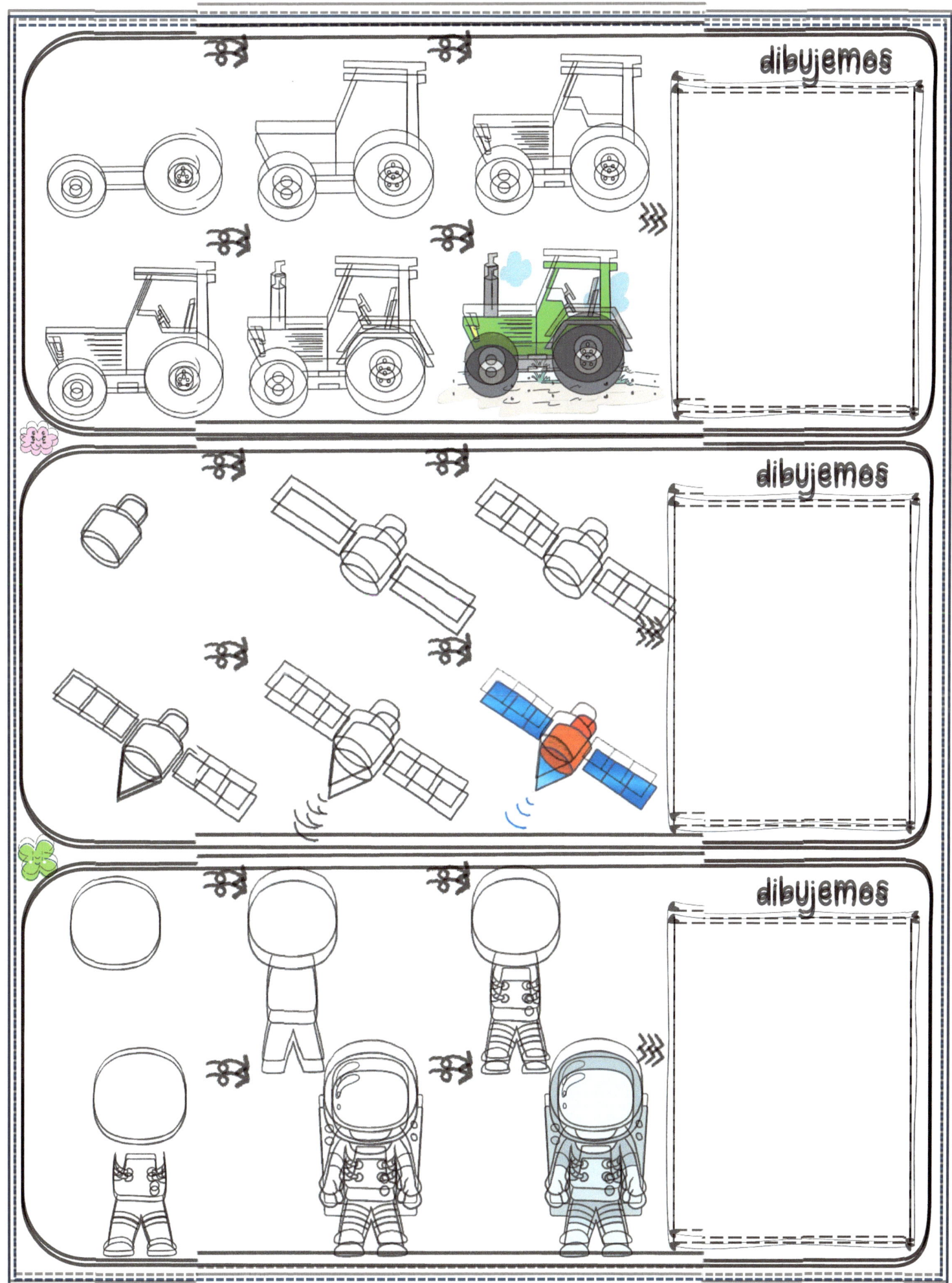

dibujemos

dibujemos

dibujemos

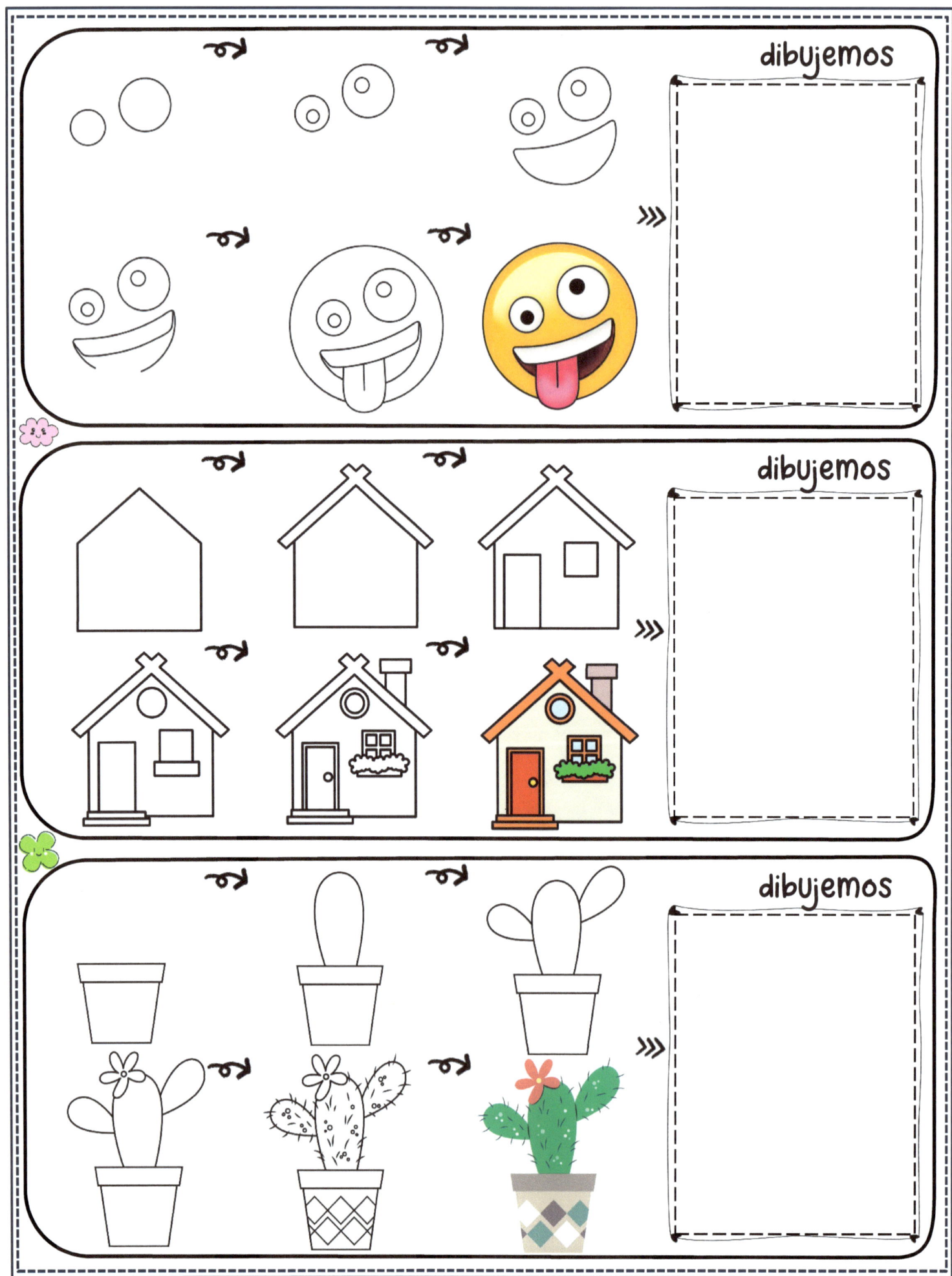

dibujemos

dibujemos

dibujemos

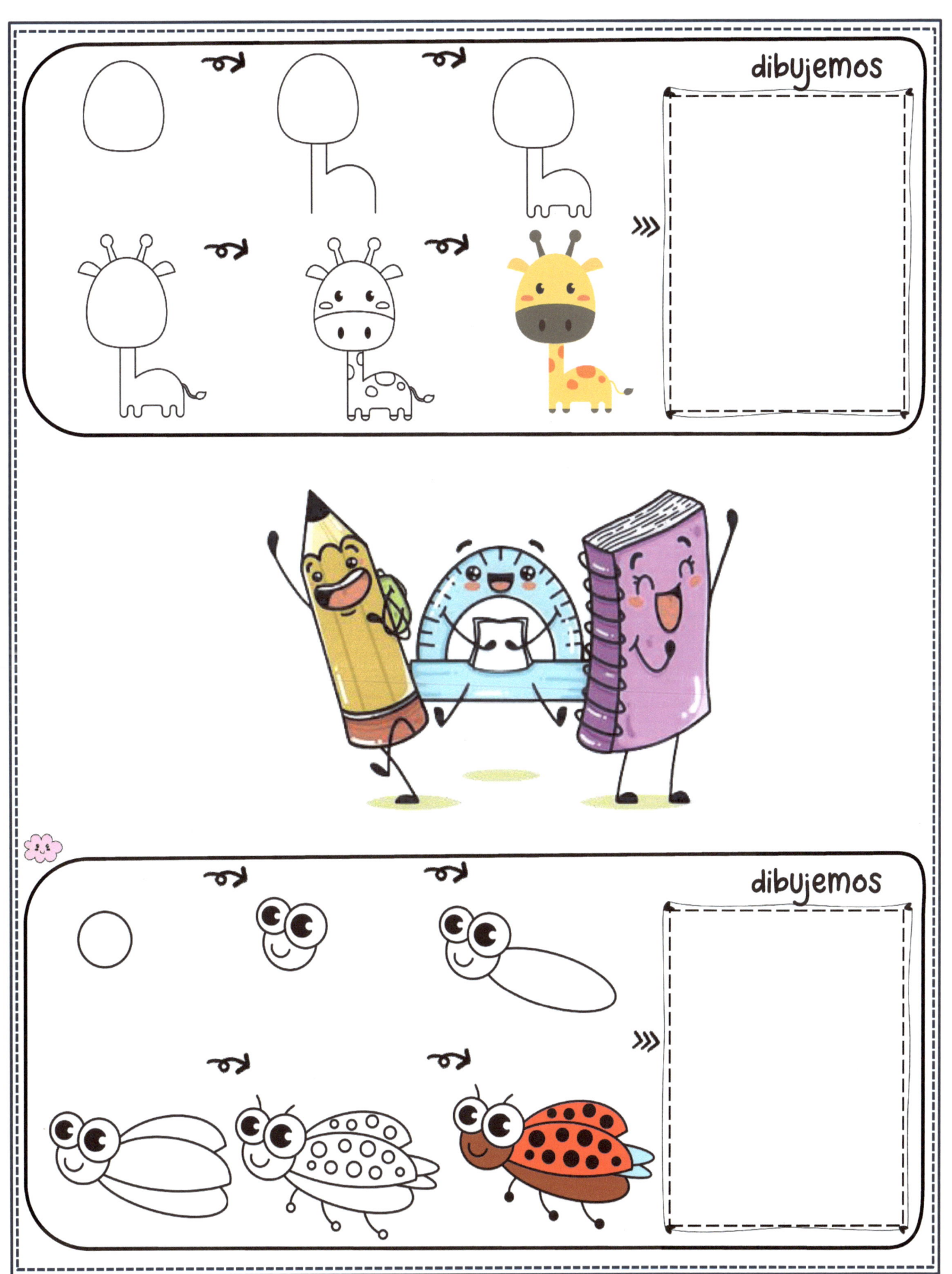

dibujemos

dibujemos

¡Gracias por la diversión de dibujar!
¡Gracias por embarcarte en este viaje creativo con nosotros! Tu entusiasmo por el arte es inspirador. ¡Su apoyo significa mucho para nosotros!

Háganos saber lo que piensa en Amazon:
¿Disfrutaste el libro? Tus comentarios sobre Amazon significarían mucho para nosotros. Comparte tus pensamientos en una reseña: ¡ayuda a otros jóvenes artistas a descubrir el placer del dibujo!

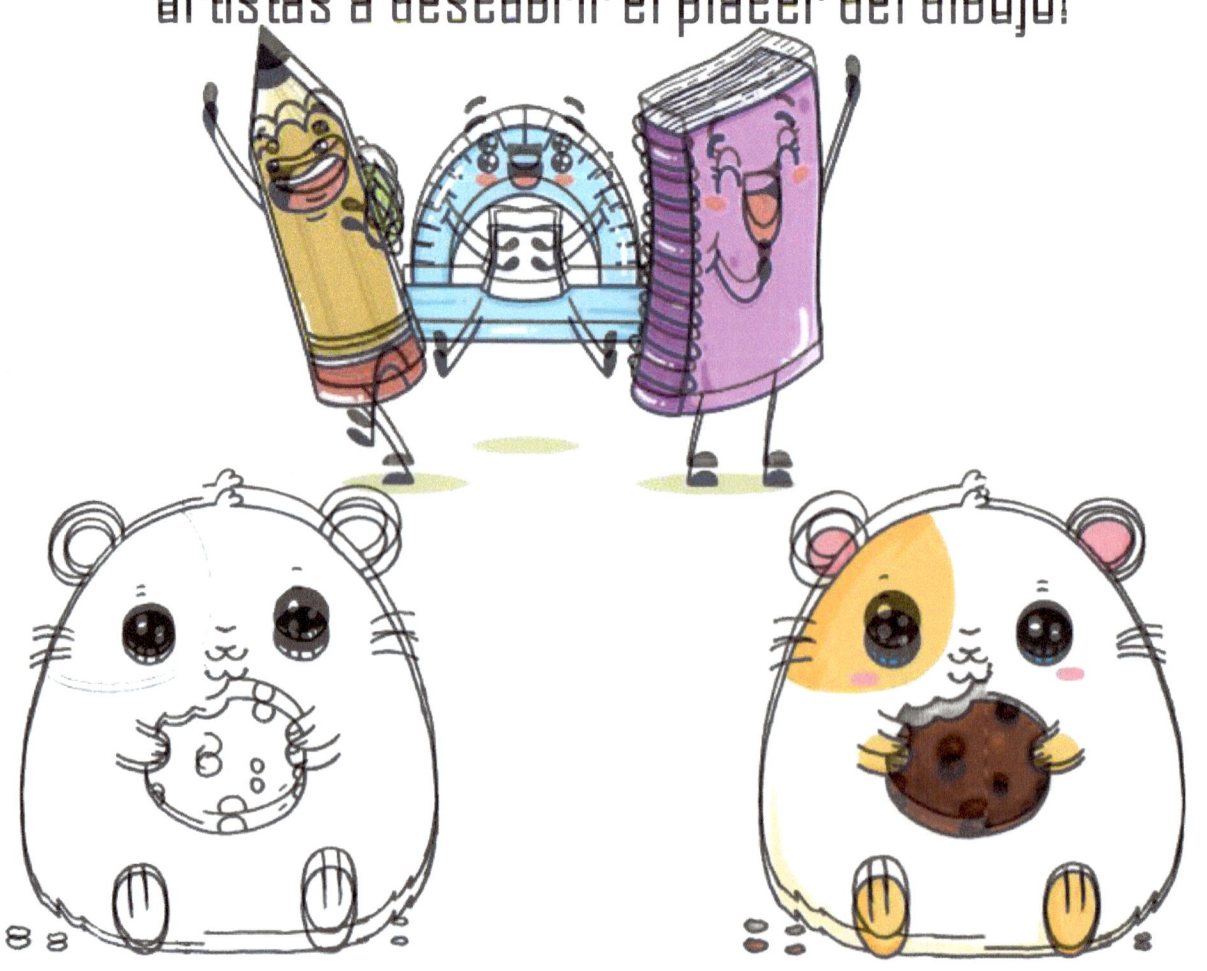